KB260031

근대 조계종 전법선맥 (近代 曹溪宗 傳法禪脈)

75조 경허 성우(鏡虛 惺牛) 선사

홀연히 콧구멍 없는 소 되라는 말끝에	忽聞人語無鼻孔
삼천계가 내 집임을 단박에 깨달았네	頓覺三千是我家
유월의 연암산을 내려가는 길에서	六月鷰岩山下路
일없는 야인이 태평가를 부르노라	野人無事太平歌

76조 만공 월면(滿空 月面) 선사

구름과 달, 산과 계곡이라, 곳곳에서 같음이여	雲月溪山處處同
선가의 나의 제자 수산의 큰 가풍일세	曳山禪子大家風
은근히 무문인을 그대에게 분부하니	慇懃分付無文印
이 기틀의 방편이 활안 중에 있노라	一段機權活眼中

77조 전강 영신(田岡 永信) 선사

불조도 전한 바 없어서	佛祖未曾傳
나 또한 얻은 바 없음을…	我亦無所得
가을빛 저물어 가는 날에	此日秋色暮
뒷산의 원숭이가 울고 있네	猿嘯在後峰

78대 대원 문재현(大圓 文載賢) 선사

전법게

부처와 조사도 일찍이 전한 것이 아니거늘	佛祖未曾傳
나 또한 어찌 받았다 하며 준다 할 것인가	我亦何受授
이 법이 2천년대에 이르러서	此法二千年
널리 천하 사람을 제도하리라	廣度天下人

부송(付頌)

어상을 내리지 않고 이러-히 대한다 함이여	不下御床對如是
뒷날 돌아이가 구멍 없는 피리를 불리니	後日石兒吹無孔
이로부터 불법이 천하에 가득하리라	自此佛法滿天下

이 오도송과 전법게는 대원 문재현 선사님께서 법리에 맞도록 새롭게 번역한 것입니다.

　　불조정맥 제 77조 대한불교 조계종 전강 대선사님께서는, 16세에 출가하여 23세 때 첫 깨달음을 얻고 25세에 인가를 받으셨다. 당대의 7대 선지식인 만공, 혜봉, 혜월, 한암, 금봉, 보월, 용성 선사님의 인가를 한 몸에 받으셨으며, 이 중 만공 선사님께 전법게를 받아 그 뒤를 이으셨다. 당대의 선지식들이 모두 극찬할 정도로 그 법이 뛰어나서 '지혜 제일 정전강' 이라 불렸다.

　　33세의 최연소의 나이로 통도사 조실을 하셨고, 법주사, 망월사, 동화사, 범어사, 천축사, 용주사, 정각사 등 유명선원 조실을 역임하시고 인천 용화사 법보선원의 조실로 일생을 마치셨다.

　　1975년 1월 13일, 용화사 법보선원의 천여 명 대중 앞에서 "어떤 것이 생사대사(生死大事)인고?" 자문한 후에 "악! 구구는 번성(飜成) 팔십일이니라."라고 법문한 뒤, 눈을 감고 좌탈입망하셨다.

　　다비를 하던 날, 화려한 불빛이 일었고, 정골에서 구슬 같은 사리가 무수히 나왔다. 열반하시기까지 한결같이 공안 법문으로 최상승법을 드날리셨으니 그 투철한 깨달음과 뛰어난 법, 널리 교화하기를 그치지 않으셨던 점에 있어서 한국 근대 선종의 거목이라 일컬어지고 있다.

불조정맥 제78대 대원 문재현 전법선사님
– 양대 강맥 전강대법회에서 법문 중 할을 하시는 모습

오로지 정법만을 깨닫기 서원합니다.

입을 열면 정법만을 설하기 서원합니다.

중생이 다하는 그날까지 교화하기 서원합니다.

–대원 문재현 전법선사의 3대 서원

불교 8대 선언문

불교는 자신에게서 영생을 발견하게 한 유일한 종교이다.
불교는 자신에게서 모든 지혜를 발견하게 한 유일한 종교이다.
불교는 자신에게서 모든 능력을 발견하게 한 유일한 종교이다.
불교는 자신에게서 모든 것을 이루게 한 유일한 종교이다.
불교는 자신에게서 극락을 발견하게 한 유일한 종교이다.
불교는 깨달으면 차별 없어 평등하다는 유일한 종교이다.
불교는 모든 억압 없이 자신감을 갖게 한 유일한 종교이다.
불교는 그러므로 온 누리에 영원할 만인의 종교이다.

– 대원 문재현 전법선사 주창

바로보인 불법 26

바른 불자가 됩시다

대원 문재현 선사님의 바른 불법 이야기

바로보인 출판사는 재단법인 정맥선원에서 운영하고 있습니다.

＊ 인제산(人濟山) 성불사(成佛寺) 국제정맥선원
　경기도 포천시 내촌면 음현리 140-2 / 031-531-8805
＊ 광암산(光巖山) 성도사(成道寺) 광주정맥선원
　광주광역시 광산구 오운동 115-3 / 062-944-4088
＊ 도봉산(道峯山) 도봉정사(道峯精舍) 서울정맥선원
　서울시 도봉구 도봉동 559-24 문젠빌딩 2층 / 02-3494-0122
＊ 백양산(白楊山) 자모사(慈母寺) 부산정맥선원
　부산시 동래구 사직동 113-1번지 대륙코리아나 2층 212호 / 051-503-6460
＊ 인제산(人濟山) 이룬절 포천정맥선원
　경기도 포천시 내촌면 음현리 8번지 / 031-532-1918
＊ 대통산(大通山) 대통사(大通寺) 해남정맥선원
　전남 해남군 화산면 안호리 산 62-2 중정마을 대통산 / 010-8822-3603

바로보인 불법 ㉖
바른 불자가 됩시다

초판 2쇄 박은날　단기 4345년, 불기 3039년, 서기 2012년 8월 1일
초판 2쇄 펴낸날　단기 4345년, 불기 3039년, 서기 2012년 8월 7일

저　　　자　대원 문재현 선사
펴　낸　곳　도서출판 바로보인
　　　　　　487-835, 경기도 포천시 내촌면 음현리 140
　　　　　　전화 031-534-3373　팩스 031-533-3387
신 고 번 호　2010.11.24. 제2010-000004호

편집·윤문　진성 윤주영
제작·교정　도명 정행태
인　　　쇄　가람문화사

값 10,000원

ISBN 978-89-86214-86-4 03220

바로보인 불법 26

바른 불자가 됩시다

대원 문재현 선사 저

서 문

　요즘 불자님들이 참된 발심을 하여 바른 신앙, 바른 수행을 하고자 해도 바르게 이끌어주는 곳이 드뭅니다.

　점쟁이에게 점을 보듯이 길흉화복을 점치고, 무당에게 굿을 하듯이 화를 피하고 복을 부르는, 미신적인 기복신앙이 불교계에 뿌리깊이 퍼져 있습니다.

　또한 수행하는 데 있어서도 눈을 띄워줄 스승이 없어, 칠흑같은 어둠 속을 더듬어가듯 수십 년을 애쓰다가, 제풀에 꺾여 오히려 깨달음을 믿지 못해 타락해버리는 수행인이 적지 않습니다.

　교화면에서도 요란하고 화려한 말잔치뿐인 교리로 경전을 어지럽히고, 알음알이로 공안을 난도질하여 선(禪)이란 이름으로 오히려 불자님들을 미혹케 하는 일이 많습니다.

　때문에 바른 불법의 기준을 알지 못해 방황하는 불자님들의 수가 적지 않으니 이 얼마나 애달픈 일입니까.

　이에 모든 불자님들에게 불법을 바르게 믿을 수 있는 기준을 제시하여, 실수실증*)하는 불법의 길잡이가

---

*) 실수실증(實修實證) : 실제로 닦아서 실제로 깨달아 지니는 것.

되고자 하는 마음에 이 책을 펴내게 되었습니다.

부디 불법을 믿는 불자님들이 오랜 시간 희구해왔던 바른 신앙, 바른 수행의 기준으로서 어긋남과 모자람이 없길 바랍니다.

이 책을 만나는 분들이 모두 바른 신앙과 바른 수행의 길에 들어서기를 바라며, 불보살님의 가피가 불자님들과 함께 하기를 빕니다.

단기(檀紀) 4345년
불기(佛紀) 3039년
서기(西紀) 2012년

무등산인 대원 문재현
(無等山人 大圓 文載賢)

바른
신앙

Ⅰ. 바른 기도

기도, 왜 하나요?

기도는 불보살님의 위신력[1]을 빌어서 자신이 처한 어
려움을 극복하고, 뜻과 같이 되지 않는 일을 원을 발해
이루기 위해 하는 것이다.

기도, 어떻게 하나요?

그러므로 기도할 때에는
첫째, 불보살님을 향해 발원을 한다.
둘째, 불보살님께 이미 원을 고했으며, 그 원은 마음에

---

1) 위신력(威神力) : 존엄하고 측량할 수 없는 불가사의한 힘.

머금어져 있으므로, 원을 따로 생각하는 마음마저 모
두 비우고, 다만 지극하게 기도해야 한다.
자신과 불보살님을 생각하는 그 마음이 잠시도 나뉘지
않는 데에서, 지극정성으로 불보살님의 명호를 불러야
한다. 잡념이 꿰고 들어올 때는 속도를 빠르게 부지런
히 해야 한다.

이렇게 내면으로 불보살님을 생각하는 마음과 일치되
어 끊어짐이 없도록 하여, 어느 시점이 되면, 잡념이
뚫고 들어오지 못한다.
잡념이 뚫고 들어오지 못하는 데에서 한결같이 끊어
짐이 없어서, 온통 불보살님을 생각하는 그 마음이 내
가 되고, 내가 불보살님을 생각하는 그 마음이 되면,
종국엔 불보살님을 마음으로 향하는 향함마저 사라져,

불보살님과 자신의 마음이 일체된 기도삼매에 들어간
다.

지극한 기도가 바른 기도

이렇게 더 나아갈래야 나아갈 수 없는 데에서 극치에
이르르는 것이 지극한 기도이며, 지극한 기도가 바른
기도이다.

기도 성취, 원하는 바가 어떻게 이루어지나요?

'지성이면 감천' 이라는 말이 있다. 이렇게 불보살님과
자신의 마음이 일체된 지극한 기도를 할 때에, 마음의
원이 불보살님께 전해져, 비로소 가피를 입어 원을 성
취하게 되는 것이다.

백의관세음보살의 현신

이 사람이 20대 초반일 때 강원도 칠성산에서 100일 잠 안 자기 용맹정진을 마치고 목을 까딱만 해도 끊어질 듯이 아픈 병을 얻게 되었습니다.

아마도 겨울날 잠에 떨어지지 않기 위해 늘 개울가의 얼음 위에 앉아 정진한 것이 원인이 아닐까 생각했지만, 나을 수 있는 방도가 없었습니다.

결국 이 병은 불보살님만이 낫게 해주실 수 있는 병이라고 여겨져 관음기도를 하게 되었습니다.

당시 정말 목을 까딱할 수 없는 와중에도 반드시 찬물에 목욕을 하고 지극하게 기도를 드렸습니다.

기도하던 중, 하루는 방한암 스님이 번역한 '금강경오가해 설의'를 보게 되었는데 그 내용에 반하여 환희심이 나서 미칠 지경이 되었습니다. 얼마나 좋은지 천하를 다 얻은 것 같았습니다.

한 물건이 있으니
이름과 모양이 다 끊어졌으되
옛과 이제를 꿰었고
한 티끌에 있으되
온 누리를 삼켜버렸다
안으로 뭇 묘함을 머금었고
밖으로는 뭇 사물과 일에 응하면서
하늘과 땅과 사람에 있어서 이것이 주인이고
일만 가지 모든 법에 이것이 왕이로다
넓고 벽 없음이여 그 비할 것 없고
높고 끝 없음이여 그 짝할 것 없도다

신묘하지 않은가?
밝고 또렷이 허리를 구부리고 펴는 데 있고
은은히 보고 듣는 데 있으니
불가사의하지 않은가?
하늘과 땅보다 먼저여서 그 비롯함이 없고
하늘과 땅이 다 없어진 뒤에도 그 마침이 없으니
있다 할 것이냐, 없다 할 것이냐
나 모르겠다!

이 글을 읽고 외우고 쓰는 것으로도 부족해서 두꺼운 노트에 써서 그것을 태워 가루를 내서 기도한 다기물로 먹었습니다. 사람들이 보면 미쳤다 할 일이건만 오가해에 담겨져 있는 도리와 완전 일체되어 영위하고자 하는 마음에 아무런 거리낌이 없었습니다.

그것을 한 번 삼킬 때마다 목은 끊어질 것 같은데 몇 번 죽었다 살아났다를 되풀이하면서도 매일매일 오가해 쓴 종이를 태워 마셨습니다.

이렇게 하면서 지극히 기도하기를 50일째 되던 날, 간병하던 두 분의 부축을 받아 자리에 눕는 한순간 탁 서면서 목이 부러질 것 같던 병이 나아버렸습니다.

그 한순간에 이 사람에게 어떤 일이 있었냐 하면, 당시에는 헬리콥터가 우리나라에 없었는데 공중에서 투명한 헬리콥터처럼 생긴 것이 나타나 이 사람 앞에 내려앉더니 하얀 옷에 아름다운 흰 수염을 멋지게 늘어뜨린 노인이 새까만 주장자를 짚고 나왔습니다.

그리고는 그 헬리콥터처럼 생긴 것 안으로 들어가라고 손에 든 주장자로 가리켰습니다.

그 와중에도 이 사람이 아만통이 있었던가 그분의 위풍당당한 거동에 왜 내가 무조건 따라야 되나 싶어 안 들어가려고 했습니다.

그랬더니 이 사람의 뒷덜미를 두 손가락으로 잡아 마치 가랑잎 하나 던지듯이 헬리콥터처럼 생긴 것 안으로 던져 넣어버렸습니다.

던져 넣어지는 순간 이 사람은 저절로 자리에 앉혀져 있고 문이 탁 닫히면서 그 안에 갇혀버렸습니다.

눈앞에 와이셔츠 단추만 한 버튼이 있는데 그것까지도 투명했습니다.

노인이 주장자 끝으로 그것을 누르는데 마치 온몸이 엄청난 전류에 감전된 것 같아 견딜 수 없는 고통에 몸부림치다가 벌떡 일어나버렸습니다. 여기까지의 일이 두 분이 나를 눕히는 몇 초도 안 되는 시간에 일어난 것입니다.

그 순간부터 목을 움직이는 것이 완전히 자유로워졌습니다. 당시 두꺼운 겨울옷을 입고 있었는데 옷이 완전히 젖어 있었고 그것을 벗어서 짜려고 하는데 마치 풀을 쒀서 적셔놓은 것처럼 미끄러워서 짜려고 해도 도저히 짤 수가 없었습니다.

단 몇 초 사이에 온몸의 물이 그렇게 나온 것이고 그러면서 이 사람의 병은 나았습니다.

불법은 영험합니다. 바른 뜻을 품고 불보살님께 지극한 정성으로 기도하면 그 원은 반드시 이루어집니다.

다만 내 간절하고 지극함이 미치지 못할 것을 걱정할 뿐, 기도의 가피가 있을까 없을까를 의심하거나 걱정할 필요는 없습니다.

Ⅱ. 바른 불공

1. 바른 방생재(放生齋)

방생의 뜻과 기원

방생이란 놓아주어 살도록 하는 것이다. 범망경(梵網經)에 설해져 있는 "항상 방생을 행하라. 또한 다른 이들도 방생하도록 이끌어라." 하는 말씀과 금광명경(金光明經) 등의 부처님께서 과거세에 방생의 보살행을 크게 행하신 바를 따르고자, 해마다 사찰에서 거행되는 방생회는 불제자들 사이에 의례적인 행사가 되었다.

요즈음의 방생, 돌아봅시다

물고기나 짐승을 사서 놓아주는 것이 사찰에서 행하는 가장 흔한 방생법으로 성행하고 있다.

그러나 미리 잡아놓은 물고기와 거북이를 싣고 강에 나가서 방생을 하며 소원을 비는 것은 믿을 근거가 없는 기복신앙이자 자신의 뜻만을 이루고자 하는 욕심일 뿐이다.

방생이 다른 존재의 고통을 덜어주고 목숨을 구하는 불법의 자비정신이라면, 인연 닿는 모든 생명에게 일상에 베푸는 관심과 배려, 좋은 일은 함께 기뻐하고 궂은 일은 함께 슬퍼하는 것, 만인을 위한 뜻을 품고 그 뜻을 품은 이들을 북돋아주는 것, 옳지 못한 뜻을 품지 않으며 그런 뜻을 품은 이들의 마음을 돌릴 수 있도록 하는 것이야말로, 이 세상을 함께 살아가는 인연 있는 모든 이들에게 베푸는 소중한 방생이라 할 것이다.

진정한 방생의 의미

그러나 설령 이러한 방생을 하고 있다 할지라도 진정한 방생, 즉 목숨을 놓아준다, 목숨을 살려준다는 의미를 한 번 더 비추어봐야 할 것이다.

어차피 형상 있는 몸으로 받은 목숨은 반드시 다할 날이 있다. 그러므로 모든 생명은 시시각각 살아가고 있는 것이 아니라 시시각각 죽어가고 있는 것이다.

그렇다면 물고기나 짐승을 사서 놓아준다고 해서, 혹은 사람의 목숨을 구해준다고 해서, 잠시 그 생명의 심신을 편히 해준다고 해서, 그것이 참답게 목숨을 살려주는 온전한 방생이라고 할 수 있겠는가. 결국 다시 목숨을 앗기는 죽음과 마주할 수밖에 없다면 온전한 방생이라고 할 수는 없을 것이다.

그래서 참된 방생은 불법에서 말하는 '상구보리 하화중생(上求菩提下化衆生)'으로서, 위로는 위없는 깨달음

을 구하고, 아래로는 나보다 못한 다른 이들을 깨달음의 세계로 인도하여 구제하는 것이다. 즉, 나와 남이 모두 영원한 목숨인 자성을 깨달아 죽음이 없는 삶을 누리게 하는 것이야말로 온전한 방생이라 할 것이다.

올바른 방생 불공

그렇기에 깨달아 일체종지[2]를 통달한 증명법사[3]를 모시고, 특별한 기간을 정하여 실수실증하는 것이야 말로, 올바른 방생의 불공이라 할 것이며, 설사 물고기와 짐승을 사서 놓아주는 방생을 행한다 해도, 증명법사를 모시고 심지법문[4]을 들으며 실행해야만 바른 방생이 되는 것이다.

---

2) 일체종지(一切種智) : 만법을 다 통달한 지혜.
3) 증명법사(證明法師) : 만법을 다 통달하여 관행할 수 있는 분.
4) 심지법문(心地法門) : 마음을 깨닫게 하는 법문.

원수에게 여섯 개의 상아를 뽑아준 흰 코끼리

인도 비데하국의 왕비는 어느 날 여섯 개의 상아를 가진 흰 코끼리의 꿈을 꾸었습니다. 왕비는 그 상아가 너무 갖고 싶어 왕에게 이를 청했습니다.

왕은 사랑하는 왕비의 청을 물리칠 수 없어 온 나라에 흰 코끼리의 상아를 가져오는 자에게 큰 상금을 주겠다는 방을 붙였습니다.

그런데 한 사냥꾼이 이 흰 코끼리를 전부터 알고 있었습니다. 그가 사냥을 갔다가 죽을 뻔한 고비에 놓인 것을 흰 코끼리가 살려주었던 것입니다.

목숨의 은인인 흰 코끼리건만 상금에 눈이 어두워진 사냥꾼은 은혜 따위는 까맣게 잊어버리고 여섯 개의 상아를 빼앗을 목적으로 산으로 올라갔습니다.

그는 출가자로 변장하여 흰 코끼리에게 접근하여 독화살을 쏘았습니다.

독화살에 맞아 죽을 때가 된 것을 안 흰 코끼리는 그 와중에도 보복을 하려고 달려드는 수많은 코끼리떼로부터 사냥꾼을 지켜주기 위해 자기의 네 다리 속에 사냥꾼을 넣고 감쌌습니다.

그리고 왜 이런 어리석은 짓을 하느냐고 물었습니다. 사냥꾼이 현상금을 타기 위해 여섯 개의 상아를 뽑으러 왔다는 것을 알고 나서도 흰 코끼리는 배은망덕한 사냥꾼이 미운 것이 아니라 오히려 탐욕으로 인해 이러한 잘못을 저지르는 사냥꾼이 가엾게 여겨졌습니다.

그리하여 스스로 큰 나무에 여러 차례 부딪쳐 여섯 개의 상아를 모두 뽑아서 사냥꾼에게 건네주었습니다.

그러자 사냥꾼은 믿겨지지 않는 횡재에 쾌재를 부르며 여섯 개의 상아를 안고 떠나갔습니다.

떠나가는 사냥꾼의 뒷모습을 바라보며, 독이 온몸에 퍼져 숨을 거두는 순간에, 흰 코끼리는 마음 속으로 서원하였습니다.

'이 보시행으로 나는 부처가 되기 위해 닦아야 할 수행의 한 계위를 올랐다. 내가 부처가 되면 가장 먼저 그대의 마음 속에 들어있는 탐진치 삼독의 화살을 모두 뽑아주겠노라.'

어떻습니까.

두 번, 세 번 목숨을 건져주는 최고의 방생을 베풀어도 끝까지 참회조차 없이 떠나가는 사냥꾼에게 마지막 숨을 거두는 순간 까지도 삼독의 화살을 뽑아주겠다는 서원을 바치는 흰 코끼리 이야기는 자기라는 것을 한 점도 남김이 없는 절대적 방생의 모 습을 보여줍니다.

오직 자신의 복과 소원을 위해 하는 요즘의 방생이 낯뜨거워지게 만드는 일화입니다.

2. 바른 용왕재(龍王齋)

용왕재의 여러 가지 형태

용왕재는 물과 육지에서 헤매는 외로운 영혼과 아귀를 달래고 위로하기 위해 불법을 설하고 음식을 베푸는 의식인 수륙재와 어민들이 배가 무사히 귀환하기를 바라고 풍어를 기원하며 올리는 용왕제, 산 생명을 놓아주어 살도록 하는 방생재 등과 더불어 혼재되어서 행해지고 있다.

용왕재, 꼭 바닷가에서 지내야 하나요?

이 용왕재를 대개 바닷가에서 지내는데 이것은 용왕과 용궁의 참된 의미를 모르기 때문이다.
화엄경(華嚴經)에 보면 화엄경을 용궁에서 가져왔다고

하고 상본을 가져오지 못했다고 하고 있다. 이 대목을
잘 새겨보면 용궁과 용왕의 의미를 바르게 알 수 있을
것이다.

용궁이라고 하면 모두들 바닷속에 용이 살고 있는 곳
이라고 생각한다. 그러나 불법의 최고의 경지를 담은
화엄경이 보관되어 있는 곳이라면, 용궁이란 깨달음
의 모든 지혜와 능력이 갖추어져 있는 곳, 즉 우리의
천연자성을 말하는 것이라 할 것이다.

다시 한 번 말하자면 천연자성이 모든 지혜와 능력을
머금고 있으니 이를 용궁이라 하고, 천연자성으로부
터 모든 지혜와 능력을 자유자재 발휘하니 이를 용왕
이라 하는 것이다.

화엄경의 상본은 깨달아 닦아서 극치에 이르른 무상정
변정각(無上正遍正覺)의 실경이라고 볼 수 있다.

화엄경 상본을 가져오지 못했다고 한 것은, 이러한 실
경은 언어로 표현하고 문자로 적을 수 있는 것이 아

니라, 오직 실수실증으로써만 일체될 수 있는 것이기에, 가져오지 못했다고 한 것이다.

여의주(如意珠)를 지닌 것이 용이란 사실을 잘 살펴보면 용궁과 용왕의 의미가 다시 한 번 분명해진다. 여의주란 '뜻대로 이루어주는 구슬' 이라는 뜻으로 그 구슬을 지녀 온갖 조화를 마음대로 부릴 수 있는 존재가 용이요, 용왕인 것이다.

그러므로 여의주란 모든 지혜와 능력을 머금은 성품 자체요, 이 성품의 지혜와 능력을 자유자재 운용하여 쓸 수 있는 존재가 곧 용왕이라 할 것이다.

바른 용왕재를 지내려면?

따라서 용왕재를 지낼 때는 바닷가가 되든 법당이 되든 장소가 문제가 되는 것이 아니다. 어느 곳이 되든지 천연자성을 깨달아, 그 지혜와 능력을 응하여 모자람

없이 쓸 수 있는 도리를 통달한 증명법사를 모시고,
마음을 깨닫는 심지법문을 들으며 용왕재를 지내야
한다.

바른 용왕재의 가피

이렇게 증명법사를 모시고 마음을 닦아 선정의 경지
에서 용왕재를 지낼 때, 수륙고혼이 천도되고, 고기를
잡으러 나간 이들에게 과거의 나쁜 업연이 미치지 못
하며, 동시에 그들이 부처님의 가피를 입어 모든 풍
랑과 어려움을 면할 수 있게 된다.

3. 바른 천도재(薦度齋)

천도법문의 목적

천도법문은 고혼이 불법을 깨달아 해탈하고 극락세계
에 태어날 수 있도록 교화하는 법문이자, 불보살님을
청해 모시고 간절하고 절실한 마음으로 고혼들이 그
위신력을 입어 천도되도록 청하는 법문이다.

천도법문이 고혼에게 전해지는 이치

그렇다면 누가 어떤 언어로 고혼에게 법문의 내용을
전달할 수 있겠는가.
살아생전에 꿈만 꾸어도 업권이 달라져서 한 방에서
하는 말을 알아듣지 못한다. 하물며 목숨이 끊어지면,
대부분 업을 따라 번개보다 빨리 수생하여 다른 몸을

받는데, 어떻게 이 세상 사람의 말을 알아들을 수 있
겠는가.

또한 육도윤회길을 초월한 불보살님들께는 다시 무엇
으로 그 간절하고 절실한 뜻을 전할 것인가.

그러므로 목청이 좋은 스님이 목탁을 치며 소리 높여
천도재를 지낸다고 해서 고혼이 천도되는 것은 아니
다. 많은 비용을 들여 공양만 올린다고 해서 천도가
되는 것도 아니다.

천도재는 반드시, 깨달아 일체종지를 통달하여, 멀고
가까움에 관계 없이, 관행[5]으로 천도법문의 내용을 전
달할 수 있는 증명법사의 관행하에 이루어져야 한다.
증명법사는 천도법문의 내용을 이심전심하는 관행으
로써 고혼의 성품에 인치게 하며,[6] 또한 불보살님의
성품자리에 일체되어 고혼을 천도해주십사 하는 간
절한 뜻을 전한다.

---

5) 관행(觀行) : 마음을 관조하는 행법.
6) 인치다 : 도장을 찍듯 마음바탕에 새겨지게 하다.

뿐만 아니라 어떤 것이 바른 천도인가 생각할 때, 오직 복된 세계에 나기만을 비는 천도라면, 궁극적이고 영원한 천도가 될 수 없다.

형상 있는 세계의 모든 낙은 다할 날이 있으니, 천상계에 태어나서 갖은 복락을 누린다 해도, 그 복이 다하면 화살처럼 지옥에 떨어진다고 했다.

그렇다면 오늘의 복이 내일의 화가 되거나, 오늘의 낙이 내일의 지옥고통이 될 수도 있다 할 것이다.

이것을 어찌 바른 천도라 할 것인가.

천도재의 목적은 고혼을 천도하려는 것이요, 고혼을 천도하려는 것은 고혼이 평안하게 참된 낙을 누리게 하기 위한 것이다. 만약 끊어짐이 있고 고통으로 화하는 낙이라면 참된 낙이라고 할 수 없으니, 고혼을 진정으로 위하는 것이 못 된다 할 것이다.

이렇기 때문에 천도재에는 고혼과 재에 참석한 모든 대중들이, 영원한 생명인 성품을 깨달아 영원한 낙을 누릴 수 있도록 하는 심지법문이 있어야 하며, 마땅히 이러한 심지법문을 할 수 있는 증명법사를 모셔야 한다.

만약 이렇게 하지 않는다면 천도재를 지낸다 해도, 고혼이 천도되거나, 재에 참석한 이들이 불법을 깨닫고, 또는 정법의 깊은 인연을 맺어 구경(究竟)[7]에 해탈하게 되는 등의 수승한 목적을 성취하지 못하게 될 것이다.

---

7) 구경(究竟) : ① 마지막에 이르는 것. ② 가장 지극한 깨달음. 여기서는 ①의 뜻이다.

스승을 바르게 천도시킨 영원 스님

임진왜란 때 동래 범어사에 매학(혹은 명학)이라는 스님이 있었는데 이 스님은 수도보다는 재물을 모으는 데에 열심이었습니다. 매학 스님이 소산(지금의 화정) 앞을 지나다가 초가집에 서기가 도는 것을 발견하고 들어가니 출산중이었습니다.

10년이 지나 매학 스님은 그 아기를 범어사로 데리고 와 상좌로 삼았습니다. 상좌는 금강산에 들어가 공부를 마치고 크게 깨달아 영원 조사가 되었습니다.

영원 스님이 30세가 되던 때 선정 중에 스승이 죽어 구렁이가 되는 과보를 받았다는 것을 알게 되어 범어사로 가니, 수많은 상좌를 비롯하여 스님과 신도들이 재를 준비하느라고 야단이었습니다.

상좌들은 영원 스님을 보자, 스승님께 쫓겨나서 살아생전 한 번도 오지 않더니 돌아가시자 재물이 탐나 이제 찾아왔다고 빈정대었습니다.

그러나 영원 스님은 이에 아랑곳하지 않고, 커다란 구렁이가 되어 생전에 자기가 관리했던 범어사 곳간 창고에 도사리고 앉아있는 전생의 스승을 만나 개울로 데리고 가서 독경한 뒤 큰 돌로 내리쳐 목숨이 끊어지게 하였습니다.

그 후 짐승의 태에 들려 하는 스승의 영혼을 도력으로 이끌어 한 집에 인연을 맺게 하였습니다.

열 달 후에 그 집에서 아이가 태어나니 10년 뒤 영원 스님이 이 아이를 절로 데려가 불도를 닦게 하였습니다.

영원 스님은 스승이었던 동자를 절의 뒷방에 들어가게 한 후, 방문을 잠그고 바늘로 문창호지에 구멍을 뚫어놓고 말하였습니다.

"이 문구멍으로 큰 황소가 너를 죽이러 들어올 것이다. 만약 한

순간이라도 놓치면 황소가 들어와서 너를 죽일 것이다. 오직 이것만 열심히 지켜보다가 황소가 들어오면 나를 부르거라.”

그로부터 동자는 일심으로 하루 종일 그 문구멍만 뚫어지게 보기를 수년간 하였습니다.

어느 날, “스님! 황소가 나타났습니다.” 하고 고함을 치는 순간 동자는 대오하였습니다.

매학 스님이 죽은 뒤 절에서 스님들과 신도들이 재를 지내고 있었지만, 누구도 매학 스님을 천도시키지 못했습니다.

십수 년 만에 찾아온 영원 스님을 모든 사람들이 비난하고 비웃었지만, 막상 매학 스님을 구렁이 몸에서 벗어나게 하고 인도(人道)에 태어나 깨닫게까지 한 것은 영원 스님이었습니다.

왜냐하면 인도에 태어나기까지 이끌 수 있는 관력을 영원 스님만이 지니고 있었기 때문입니다.

또한 깨닫게까지 지도할 수 있는 도력을 지닌 이도 영원 스님뿐이었기 때문입니다.

위의 일화에서 보듯 천도란 상을 차리고 글을 외워 이루어지는 것이 아닙니다. 천도할 수 있는 법력을 지닌 이가 없다면 그 천도의 자리는 무의미하다 할 것입니다.

4. 바른 예수재(豫修齋)

예수재의 뜻

예수재는 살아생전에 미리 닦는 재이다. 죽은 망자를 위해 산 자들이 행하는 의례를 천도재라고 하는데, 예수재는 자신의 내세를 위해 생전에 미리 올리는 천도재라고 할 수 있다.

예수재의 형식과 목적

예수재는 숙세의 업장을 소멸하고 이웃에 대한 보시의 공덕을 쌓아서 내세의 복락을 기구하는 의례이므로, 경배와 공양을 올릴 뿐 아니라, 경전을 봉독하고 지전(紙錢)을 헌납과는 과정이 의식에 포함되어 있다. 이는 숙세의 업장 소멸을 위해 살아있는 동안에 빚을

헌납하는 것인데, 이 빚은 첫째는 경전을 보지 못한 빚과 둘째는 금전적인 빚이라고 보아서, 경전을 봉독하고 지전을 헌납하는 과정을 치르는 것이다.

경전을 보지 않은 빚을 갚게 하는 것은 불법으로 인도하기 위한 것으로서, 경전을 본다는 것은 단순히 흰 종이의 검은 글자를 본다는 것이 아니라, 경전의 참뜻에 눈뜨는 것을 의미한다.

금전의 빚을 갚게 하는 것은 이것을 통해 불보살님께 공양하고 이웃에 대한 재보시를 실행하게 하기 위한 것이다.

즉, 예수재는 본래 불자들이 소홀했던 자기 수행을 점검하고 가일층 발심정진하기 위한 의례이다. 그리고 자신의 극락왕생만을 위해서가 아니라 공양과 보시행으로 선행을 발원하고 공덕을 쌓는 의례이기도 하다.

또한 예수재는 천도재가 타력에 의해서 행해지는 것에 반해, 스스로의 노력으로 스스로를 구제하는 자력수행

을 실천하는 의례라 할 것이다.

요즈음의 예수재, 자성합시다

이러한 큰 장점을 가지고 있는 예수재가, 요즘 대부분 지전을 불사르며 왕생극락을 기원하는 것만으로 인식되고 있는 것은, 크게 잘못된 일이라 할 것이다.
우선 예수재의 첫째가는 목적인 내세의 복락을 위한 업장 소멸은, 경전을 보지 못한 빚을 갚아야 이루어지는데, 앞에서도 이야기했듯이 경전을 본다는 것은, 단순히 글자를 보는 것이 아니라 경전의 참뜻을 깨닫는 것이다.
그리고 불법의 으뜸가는 뜻인 경전의 참뜻은 오직 각자 자신의 불성을 깨닫는 것이라고 부처님께서 말씀하셨다.
그러므로 경전을 보지 못한 빚이 지전을 태우는 것으

로 이루어질 리가 없으며, 따라서 내세의 왕생극락도
이루어질 까닭이 없다.

천수경의 멸업게를 통해서 본 업장 소멸

천수경(千手經)의 멸업게(滅業偈)에서도 다음과 같이
말하고 있다.

백천겁에　쌓인죄업　한생각에　없어져서
마른숲을　불태우듯　남김없이　사라지네
자성없는　모든죄업　마음에서　일어나니
한생각을　돌이키면　죄업또한　없어지고
죄와마음　모두멸해　두가지다　공하여진
이와같은　참회만이　진실한　　참회라네

앞에서 예수재가 숙세의 업장을 소멸하여 내세의 복락

을 기구하는 것이며, 업장 소멸을 위해서는 경전을 보지 않은 빚을 갚아야 하고, 이를 위해 경전을 봉독해야 한다고 했다.

경전을 봉독하는 것은 곧 경전의 참뜻에 눈뜨는 것이요, 경전의 참뜻은 각자 자신의 불성을 깨닫는 것이라고도 했다.

그런데 위의 멸업게에서도 업장 소멸이 진참회이며, 진참회가 업장 소멸인데, 이것은 한 생각 돌이킴에서 이루어진다고 하고 있다.

안으로 일으키는 희노애락애오욕(喜怒哀樂愛惡慾)의 모든 생각과, 밖으로 보고 듣고 말하고 냄새맡고 감촉하는 모든 감각들이, 자신의 본성품으로부터 비롯되었건만, 다만 안팎 경계에 떨어져, 일체가 바로 자신의 성품에서 비롯된 것임을 깨닫지 못하고 있는 것이기에, 깨달음이란 멀리, 따로 있는 것이 아니다.

일체 경계를 비추는 그 자체를 비추어버리면, 털끝도

움직임이 없는 그대로가 깨달음의 실경일 것이다. 곧 한
생각 돌이킴이란, 일체의 경계를 비추는 자신의 성품을
돌이켜 비추어, 마음의 실체를 깨닫는 것을 말한다.
그리고 이 깨달음이야말로 진참회며 업장 소멸이라고
멸업게에서도 말하고 있는 것이다.

살아있는 예수재와 그 과보

그러므로 간절한 마음으로 수행하여, 금생에 올바른
스승을 만나, 마음의 실체를 깨달아 삶을 영위한다면,
그것이야말로 진정 살아있는 예수재라 할 것이다.
또한 사찰에서 예수재를 지낼 때에도, 마음의 실체를
깨닫게끔 할 수 있는 증명법사를 모셔, 심지법문을
들으며 마음을 닦는 예수재가 이루어져야 할 것이다.
이것이 근본 뜻에 맞는 예수재라 할 것이며, 이렇게
해야 또한 금생에 숙세의 죄업장을 녹이고 내세의
복락을 기약할 수 있는 것이다.

생전에 아버지로 하여금 살아있는 예수재를 지내게 한 묘련 낭자

요동 태수 김현삼의 딸 묘련은 두 살 때 글을 배운 천재였습니다.
묘련이 일곱 살이 되던 해, 김현삼이 친구 진성주의 탈상에 가려고
하자, 묘련이 사당 뒤꼍 담 일곱 번째 기왓장 밑에 진성주의 업신
이 기다리고 있으니 만나보고 오시라고 말하였습니다.
김현삼이 재가 끝나고 사당 뒤꼍에 가서 일곱 번째 기왓장을 들
어올렸을 때 일곱 또아리를 한 커다란 황구렁이가 혓바닷을 넘실
거리고 있었습니다.
이에 혼비백산한 김현삼에게 묘련이 "생전에 그토록 존경받는 군
주였던 진성주가 그런 모습이니, 아버님께서는 열세 또아리를 한
먹구렁이가 될 것입니다."라고 예언하였습니다.
내생의 인과를 두려워한 김현삼이 면할 수 있는 길을 물으며 묘
련의 말을 따르겠다고 하자, 묘련은 아버지의 모든 재산을 빈부귀
천에 따라 골고루 나누어주고 아버지를 이끌고 길을 떠났습니다.
가던 길에 압록강을 만나 배를 빌려 타고 강을 건너는데 배가 갑
자기 돌풍에 가라앉기 시작하였습니다.
그럼에도 묘련은 물 한 방울 젖지 않고 물 위에 둥실 떠있었습니
다.
김현삼은 물에 빠져 다급하게 묘련을 불렀는데, 묘련은 마지막
미련을 버리라고 하였습니다.
할 수 없이 김현삼이 몰래 숨겨놓은 상투 속의 보석을 던지니 배
가 떠올라 마침내 강을 건너게 되었습니다.
김현삼은 이로부터 딸 묘련을 스승으로 생각하고 따르게 되었습
니다.
두 사람은 전남 승주군 송광면에 있는 모우산에 은거하였는데 김
현삼은 날마다 싸리나무를 베어서 바구니를 만들고 묘련은 그것

을 먹을 것과 바꾸어 왔습니다.

전라도 광주 목사 이을령이 이들의 소문을 듣고 모우산을 찾아가니, 과연 김현삼이 살고 있었습니다.

넓은 이마의 깊은 주름살과 허옇게 바랜 수염에서 세월의 풍상이 드러나고, 검게 타버린 낯빛과 문드러진 손과 발은 그동안의 말 못할 고생을 말해주었습니다.

그러나 밝고 깊은 안광만은 아무도 바로 보지 못할 정도였다고 합니다. 이에 이 목사는 그들에게 절을 지어주고 평생 걱정 없이 살 수 있도록 산과 논밭을 마련해주었습니다.

김현삼은 금생에 올바른 스승을 딸로 만나 생전에 업을 닦는 수행을 톡톡히 치루었습니다.

신통자재한 묘련을 스승이자 딸로 두었으니 어찌 깨닫지 못했겠습니까.

광주 목사 이을령이 보았다는, 사람이 범접하기 어려운 밝고 깊은 안광은 그가 깨달은 삶을 영위했다는 것을 말해주고 있습니다.

자신을 이끌어줄 수 있는 스승을 만나 업을 닦고 깨달은 삶을 영위하였으니 김현삼이야말로 참으로 살아있는 예수재를 날마다 지낸 이라 할 것입니다.

어떻게 지전을 불사르는 것으로 이러한 예수재를 지낼 수 있겠습니까.

'흰 것은 종이요 검은 것은 글씨다.' 라는 식으로 경전을 읽어서야 어떻게 업장 소멸과 내세 복락이 이루어질 수 있겠습니까.

그야말로 일확천금을 바라는 사행심이라 할 것이요, 점을 치고 굿을 하듯 불안한 마음을 위로하는 자기최면이라 할 것입니다.

눈을 똑바로 뜨고 마음의 각성으로 스스로 비추어 보십시오.

너무나 자명한 이치로 부처님께서 인과를 말씀하시고 고집멸도 사제법으로 닦아가는 도리를 일러주시지 않았습니까.

5. 바른 49재(四十九齋)

49재란?

49재란 사람이 죽은 뒤 49일 동안 7일마다 불경을 외우면서 재를 올려, 고혼이 그동안에 불법을 깨닫거나 또는 좋은 곳에 태어나기를 비는 재이다.
이 49일은 죽은 이가 생전의 업에 따라, 다음 세상에 태어나는 것이 결정되는 기간이라고 한다.
그래서 이때에 고혼에게 천도법문을 들려주는 49재를 지내는 것이다.

49재, 고혼에게 과연 도움이 되는가?

이 천도법문을 듣고 천도되는 고혼들도 있지만, 생전의 지중한 업에 따라 눈 깜박할 사이에 다른 몸을 받는

고혼들이 더 많다고 할 것이다.

그렇다면 후자의 경우에 49재는 무의미한 것인가?

우선 '이미 다른 몸을 받았다면 일곱 번씩 재를 지내며 고혼에게 불법에 대한 법문을 들려주고 정성을 올리는 것이 무슨 소용이 있단 말인가?' 하는 생각을 할 수 있고 또한 '축생의 몸이나 아귀의 몸을 받았다면 과연 불법의 법문을 들을 수 있을 것인가?' 하는 의문을 일으킬 수 있다.

축생의 몸으로서 말로 하는 법문을 들을 수 없는 것은 당연한 일이다. 그렇기에 바른 천도재에서 얘기했듯이, 불법의 법문을 관행으로 고혼에게 전할 수 있는, 관력[8]이 있는 증명법사를 모시고 49재를 지내야 한다. 증명법사는 법문의 이치를 관행하여, 관력으로 고혼의 여래장[9]에 이 이치를 심어준다.

---

8) 관력(觀力) : 마음으로 관하는 법력.
9) 여래장(如來藏) : 여래를 내장(內藏)한다는 비유적인 표현으로, 중생의 청정(淸淨)한 본마음을 가리키는 말.

그러나 설령 이렇게 재를 지낸다 해도, 축생이나 아귀의 몸을 받았다면, 당장 그 법문을 듣고 깨달아 해탈하는 것이 아니다. 수없이 많은 세월이 지나, 그 몸을 벗고 인간의 몸을 받아서 불법을 만났을 때에, 증명법사가 여래장에 관력으로 심어준 바에 의해, 불법을 쉽게 깨닫게 되고, 불법을 깨달았을 때 비로소 해탈하는 것이다.

그러므로 재를 지내준다 해도, 법문의 이치를 관력으로 여래장에 심어줄 수 있는 증명법사가 없다면, 고혼이 천도될 수 없으며, 고혼이 이미 다른 몸을 받은 경우에는, 설령 증명법사가 관력으로 법문의 이치를 고혼의 여래장에 심어준다 해도, 당장 천도된다고 할 수는 없다 할 것이다.

그러나 다른 몸을 받은 경우라 해도 재가 소용이 없다고 할 수는 없다. 재 법문을 많이 들으면 들을수록, 인간 몸을 받았을 때에 불법에 대한 안목이 밝아지니,

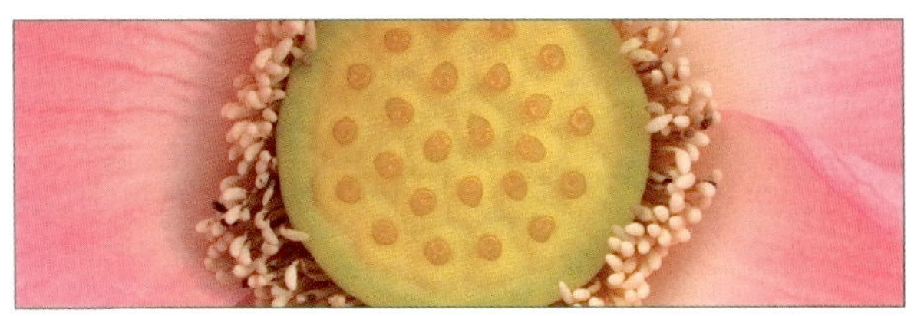

이로써 깨달아 영원히 고통과 속박에서 벗어나 무한한
낙을 누릴 수 있는 인연을 맺게 되는 것이다. 따라서
재는 오히려 많이 지내면 지낼수록 고혼에게 이롭다
할 것이다.

해인사 흰 개 이야기

먼 옛날 이야기가 실감이 안 난다면 해인사의 흰 개 이야기를 들어보시겠습니까.

해인사 산 밑 동구밖 마을에 한 노파가 살았는데, 매일 쌀을 이고 해인사로 오르는 신도들을 볼 때마다 "아이고, 미친 것들! 그럴 쌀이 있으면 나나 주지." 하며 욕을 하곤 했답니다.

이 노파가 죽은 뒤 그 집의 개가 새끼 여섯 마리를 낳았는데 그 중에 흰 개가 있었습니다.

묘한 것은 노파의 아들이 그날부터 잠을 자면 이 흰 개의 꿈을 꾸는데 흰 개가 방으로 들어오면 어머니로 변하는 것이었습니다.

하루는, 꿈에 흰 개가 다시 어머니로 변해 말하기를 "나는 산의 나물이나 뜯어서 팔아먹고 살아서 일체 다른 죄를 지은 일이 없다. 단지 하나, 살아 생전에 항상 절에 오르는 신도들을 보며 욕을 한 과보로 흰 개의 몸을 받았는데 네가 해인사 조실스님께 간청해서 재를 지내주면 내가 이 몸을 벗을 수 있을 것이다."라고 하였습니다.

그래서 다음 날, 흰 개를 어깨에 얹고 해인사를 찾아온 이 아들과, 개를 절에 들일 수 없다고 하는 스님들간에 옥신각신 실랑이가 벌어졌습니다.

마침 실랑이하는 모습을 해인사 조실인 박인곡 선사님이 보게 되고, 노파의 아들에게 전후사정을 듣게 되었습니다.

박인곡 선사님은 장경각에서 노파의 49재를 지내주었습니다.

신기하게도 재를 마친 이후 그 아들의 꿈속에 어머니가 나타나 "네가 애써 주어서 내가 개의 몸을 벗게 되었다." 하였답니다.

그리고 다음 날 아침 일어나 보니 흰 개가 죽어 있었습니다.

너무도 생생한 이 일로 해서 당시 해인사에 있었던 모든 스님들이 새로운 발심을 하게 되었습니다.

윤회를 믿지 않는 분들도 부정할 수 없는 실화입니다.
당시 해인사 조실이며 이 사람의 은사였던 박인곡 선사님은 깨달아 인가를 받은 분으로서, 산 목숨을 절대 죽이지 않아 붓 대롱에 겨우 내 이를 담아뒀다가 봄이 되면 따스한 양지에 풀어놓아줄 정도였습니다.
그래서 박인곡 선사님이 헌식을 하러 가면 살기가 느껴지지 않아 짐승들이 도망치는 것이 아니라 오히려 모여들어 손을 핥곤 해서 사람들이 구경을 하러 해인사를 찾기도 했습니다.
열반하는 시각을 예언하고, 숨을 거두었다가 제자의 청에 다시 살아나 신심명 법문을 한 뒤 12시간 후 다시 열반한 것으로도 유명한 분입니다.
이런 분이기에 스님들의 반대에도 불구하고 큰 자비심과 혜안으로 장경각에서 49재를 지내주셨던 것입니다.
또한 이렇게 깨달아 인가 받고 생사를 자재했던 분의 49재 법문이었기에 흰 개가 되었던 노파가 천도될 수 있었던 것입니다.

Ⅲ. 바른 예불

오분향례를 통해 본 예불의 뜻

예불의 오분향례(五分香禮)를 보면 바른 예불의 뜻이 적나라하게 드러나 있다.

계향(戒香)이란 부처님께 계의 향을 공양하여 예를 올리는 것이다.
계란 지킬 바인데 지키는 것은 단순히 행위뿐 아니라 마음으로부터 그릇됨이 없이 지켜야 참으로 지킨다 할 수 있다.
그렇다면 어떤 것이 마음으로부터 그릇됨이 없이 지키는 것인가?
모든 고통과 속박이, 본래 자재한 자신의 성품 즉 불성을 여의는 데에서 비롯되었으므로 본성품을 여의지 않는 것이야말로 곧 마음에 그릇됨이 없는 참된 지킴, 진정한 계향이요, 이러한 경지에서 부처님을 지극히 공경하는 마음으로 예를 올리는 것이 또한 진정한 계향이다.

정향(定香)은 부처님께 정의 향을 공양하여 예를 올리는 것이다.
정이란 본성품을 여의지 않아 경계에 흔들림이 없는 것이다. 본성품을 여의지 않으면 색성향미촉법(色聲香味觸法), 희노애락애오욕의 안팎 경계에 떨어짐이 없어 마음에 어지러움이 없고, 마음에 어지러움이 없으면 안팎 경계에 흔들림이 없어, 바람 한 점 없는 허공과 같이 고요한 선정은 우리의 본성품에 본래 갖추어져 있는 것이다.
그러므로 무명에 의해 매하여 중생으로 전락한 바를

완전히 회복하면, 이것이 진정한 정향이요, 이러한 경
지에서 부처님을 지극히 공경하는 마음으로 예를 올리
는 것이 또한 진정한 정향이다.

혜향(慧香)은 부처님께 혜의 향을 공양하여 예를 올리
는 것이다.
혜란 계와 정을 갖추어 어리석지 않은 것이다.
본성품을 여의지 않아 경계에 흔들림이 없는 선정의
경지에 있으면, 맑은 물이 절로 제 자체를 드러내고 주
위 풍광을 비추듯, 선정의 경지 스스로가 지니고 있는
각성인 본연지혜가 드러나 있다. 그러므로 계와 정을
갖추어 어리석지 않으면 그것이 곧 진정한 혜향이요,
이러한 경지에서 부처님을 지극히 공경하는 마음으로
예를 올리는 것이 또한 진정한 혜향이다.

해탈향(解脫香)은 부처님께 해탈의 향을 공양하여

예를 올리는 것이다.

해탈이란 계와 정을 갖추어 어리석지 않아서 이러-히 모든 속박에서 벗어난 것이다.

계와 정을 갖추어 어리석지 않으면 그것이 곧 혜를 갖춤이요, 혜를 갖추면 본연지혜가 갖추고 있는 자재한 능력이 절로 발휘되어, 본성품을 여읜 데에서 비롯된 모든 고통과 속박으로부터 벗어나게 된다.

이것이 진정한 해탈향이요, 이러한 경지에서 부처님을 지극히 공경하는 마음으로 예를 올리는 것이 또한 진정한 해탈향이다.

해탈지견향(解脫知見香)은 부처님께 해탈지견의 향을 공양하여 예를 올리는 것이다.

해탈지견이란 본래 이러-해서 속박에서 벗어났다는 생각조차 없이 영위하는 것이다.

본연지혜가 갖춘 능력으로 영위하는 것이 일상화되면,

‘본래 이러-해서 속박에서 벗어났다’는 흔적마저 다하여, 다만 이러-히 영위할 뿐이어서 구경본분(究竟本分)의 극락을 누리게 된다.

이것이 진정한 해탈지견향이요, 이러한 경지에서 부처님을 지극히 공경하는 마음으로 예를 올리는 것이 또한 진정한 해탈지견향이다.

참다운 예불

그러므로 ‘광명운대(光明雲臺) 주변법계(周遍法界)’, 즉 온통 나 하나인 광명으로, 삼천대천세계와 일체화된 법계화(法界化)의 경지에서, 삼세 모든 불보살님을 공경하는 예를 할 때, 모든 불보살님의 마음과 상즉[10]하여 참다운 예불이 된다.

---

10) 상즉(相卽) : 많은 등불이 방 안을 비출 때, 각각 제 등불빛은 제가 지니고 있지만, 한 방 안에서 가려낼 수 없이 즉해 있는 것처럼, 불성이 등불과 같은 모양도, 차지하고 있는 자리도 없이, 서로 가려낼 수 없이 즉해 있는 것.

바른 수행

Ⅰ. 바른 참선법

참선이란?

참선이란 아직 깨닫지 못한 이들이 본성품을 깨닫기 위해 참구하는 것을 말한다.

화두참구법을 통해서 본 바르게 참선하는 법

대표적인 참선법으로 화두참구법이 있는데, 요즘 화두참구법의 맹점을 들어서 바르게 참선하는 법을 말하고자 한다.

화두 중에서도 '시심마' 화두, 즉 '이뭐꼬' 화두를 든 분들이 가장 많은데, 이분들이 화두 참구하는 법을 보자면, 일상의 모든 경계에 임해서 '이 무엇인고?' 하며 참구한다고 한다.

그러니까 걸을 때는 걸음마다 '이 무엇인고?' 하고, 뒤를 돌아보면서 '이 무엇인고?' 하고, 죽비를 보면서 '이 무엇인고?' 하고, 염주를 돌리면서 '이 무엇인고?' 한다고 한다.

이렇게 하면 경계에 가서 '이 무엇인고?'를 하게 된다. 걷고, 뒤를 돌아보고, 죽비를 보고, 염주를 돌리는 일상의 행위에 가서 '이 무엇인고?' 하는 것이 아니라, 언제나 오직 다만 그 심두(心頭)에 착득시켜 '이 무엇인고?' 해야 한다.

안으로 내관(內觀)하여 '이 무엇인고?' 하지 않는다면, 몇십 년간 화두참구를 한다 해도 깨달을 수 없다.

또한 제방에서는 화두를 1미터 앞에 두고 참선을 하라고 말하고 있는 분도 있다.

화두를 참구하는 뜻은 분명 자신의 성품을 깨닫기 위한 것이다. 그런데 화두를 1미터 앞의 눈앞에 두라니, 1

미터 앞에서 과연 자신의 성품이 드러날 것인가.

1미터 앞은 커녕 바로 코앞에 둔다고 해도, 눈앞을 따로 보는 순간 이미 경계를 좇는 것이 되어서, 성품을 깨닫는 것은 먼 일이 된다 할 것이다.

그러므로 화두를 밖에 두고 참구하게 한다면, 이것은 참선법이 아니라 마법이라 할 것이다.

또 화두를 드는 데 있어서 광명을 발한다든지 하는 현상에 떨어져 그것을 깨달음의 경지로 착각하거나, 혹은 식이 맑아져 이치가 난 것을 깨달음의 경지로 삼아 화두 타파도 하지 못한 이가 갈림길에 들어서서 머물러버리는 경우가 있으니, 이런 것이 귀신굴 살림을 하는 어리석은 일인 것은 말할 것도 없다.

반면에 구경성불(究竟成佛)의 묘각지(妙覺地)가 아니면 화두 타파가 아니라고 하면서, 부처의 경지인 구경각을 이룰 때까지 화두를 들어야 한다는 이들이 있다. 이들에게는 화두가 부처이다. 그러나 화두는 부처가

아니라 불성을 깨닫기 위한 방편, 즉 달을 가리키는 손
가락일 뿐이다.

일체종지를 통달하여 본성품의 경지를 짚어줄 수 있는
스승을 만나지 못해, 스스로 본성의 경지를 체험하고
도, 달을 가리키는 손가락을 달로 착각하여, 화두에 맹
종하듯 하는 것도 올바른 참선법이 아니다.

또 하나 돈독한 의심과 분심을 내어 화두를 참구하라
고 하니까, 온통 긴장과 상기로 화두를 드는 이들이
있다.

이들은 주로 상기병을 앓아서 건강마저 잃게 되는데,
이 역시 올바른 참선법이 아니다.

'뜰 앞의 잣나무니라' 혹은 '똥 막대기다' 하는 화두를
참구할 때, 화두의 뜻은 다만 성품을 깨닫게 하고자 하

는 것인데, ‘어째서 똥 막대기라 했을까?’, ‘어째서 뜰 앞의 잣나무라 했을까?’ 하고, 간절한 마음으로 안으로 비추어 참구해야 한다.

‘이 무엇인고?’ 하는 화두도 마찬가지로 내면으로 관조하여 ‘이 무엇인고?’ 화두를 참구하는 ‘이것’을 참구해야 한다.

또한 안으로 비추어 참구할 때 ‘이 무엇인고?’ 하는 의문을 계속 떠올릴 것이 아니라, 다시 생각하지 않아도 그 의문은 내 마음에 이미 심어져 있으므로, 다만 안으로 내관하는 자체가 그 의문을 이미 품고 있다 할 것이다.

이렇게 ‘이 무엇인고?’를 끊어짐이 없이 안으로 내관하여 참구할 뿐일 때, 비로소 ‘이 무엇인고?’ 화두에 한 걸음 더 다가간 참구법이라 할 것이다.

깨닫는 지름길 – 소리 듣는 곳을 비추어보라

어깨의 긴장을 풀고, 단전으로 직접 숨이 들어오고 나
간다는 마음으로, 저절로 이루어지는 데에 맡겨 가장
자연스럽고 부드럽게 호흡을 하며, 이마와 미간 속을
텅 비워서 편안히 쉬어보라.
이렇게 해서 모든 생각을 내려놓고 내면을 향해서 소리
듣는 곳을 비추노라면, 하늘 땅 등 바깥 경계는 물론
끝내 자신의 몸마저 비어버려, 온통 안팎이 없어 허공
같으나 무정한 허공과는 달리 성성하리니, 이때가 자
신의 청정자성을 깨닫기에 가장 좋은 때이다.

점안 – 스승의 역할

그러나 여기에도 한 관문이 남아 있으니, 마치 점안
(點眼)을 해야만 참 불상이 되듯, 일체종지를 깨달아

정확하게 참 나의 경지를 짚어줄 수 있는 스승이 있어서
짚어줄 때, 바로 참 부처인 자기 성품을 깨닫게 된다.

    통달한 이 숨기고 드러냄이 다양해서
    형상과 행동을 드러냄에 정함 없네
    말끝에 자취없는 그윽함을 가져서
    얼굴을 움직이는 대로 옛 길을 드날려
    밝고도 묘함을 가지런히 알게 하네
    사물에 응하여 다만 베풀 뿐이니
    부사의라 부를 만한 것마저 없다네

    – 향엄 선사가 현묘함을 드러내어 최대부에게 준 글

수레를 때려야 하겠는가, 소를 때려야 하겠는가?

참선을 하고 참구를 해도 바르게 하지 못한다면 깨달음에 이르지 못한다는 것을 대표적으로 말해주는 선가의 일화가 있습니다.

마조 대사는 수좌 시절에 좌선을 많이 하여 마치 죽은 사람이나 나무 등걸처럼 앉아있었습니다.
회양 선사가 마조의 공부에 진전이 없음을 알고 마조에게 물었습니다.
"무엇을 하고 있는가?"
"좌선합니다."
"무엇 때문에 좌선을 하는가?"
"부처가 되기 위해서입니다."
그러자 회양 선사는 기왓장 하나를 가지고 와서 바위 위에 갈기 시작했습니다.
처음에는 들은 체 만 체 앉아있던 마조는 시간이 흐르자 차츰 이 소리가 거슬리기 시작했고 나중에는 도대체 뭘 하려는 것인지 의문이 났습니다.
"도대체 기왓장은 갈아서 무엇을 하려고 하십니까?"
"거울을 만들려고 하네."
마조는 기가 막혔습니다.
"아니, 기왓장을 간다고 그게 거울이 되겠습니까?"
그러자 회양 선사는 곧바로 말했습니다.
"그렇다면 앉아만 있다고 부처가 되겠는가?"
이 말에 마조가 물었습니다.
"그러면 어찌해야 됩니까?"
"수레가 가지 않을 때는 소를 때려야 하겠는가, 수레를 때려야 하겠는가?"

회양 선사의 말끝에 마조는 확연히 깨달았다고 합니다.

이 일화를 보면 마조 대사는 하루 종일 좌선하기를 쉬지 않았으나 참구법이 제대로 이루어지지 못하고 있었음을 알 수 있습니다.

잘못된 화두 참구법에서와 같은 우를 범하고 있다가 회양 선사가 기왓장을 가는 것에서 의단이 나고 의단이 난 데에서 소를 때려야 하는가, 수레를 때려야 하는가 하는 말에 문득 회광반조(回光返照)하여 깨달음에 이르게 된 것입니다.

회광반조란 밖을 향한 빛을 내면으로 돌이켜 비추는 것을 말합니다.

이렇듯 내면으로 관조함이 이루어져야 제대로 된 참선이라 할 것입니다.

또한 마조 대사가 회광반조한 순간 깨달을 수 있었던 것은 그 만큼 오랜 시간 앉은 정진으로 거친 업식이 다 쉬어졌기 때문입니다.

방법과 순서가 다를 수는 있지만 이 일화에서 보듯 큰 의심과, 모든 번뇌 망상이 쉬어진 순일한 마음과, 내면을 향하여 돌이켜 비춤이 있어야만 깨달음에 이르를 수 있다 할 것입니다.

Ⅱ. 바른 간경법

바른 간경

간경이란 불경을 읽는 것이다.

그러나 다만 불경을 읽는다고 해서 모두 바른 간경이라고 할 것인가.

볼 간(看)자, 경서 경(經)자, 간경을 말 그대로 새기자면 경전을 보는 것이라고 할 것이다.

그렇다면 어떤 것이 참답게 경전을 보는 것인가?

다만 경책이나 글씨를 보는 것이 간경이 아니라는 것만은 분명할 것이다.

그렇다면 경전에 씌어진 문장을 읽는 것이 간경인가?

만약 경이 말하고자 하는 바 부처님께서 말씀하신 참 뜻에 마음을 두고 보지 못한다면, 이 역시 바른 간경이라 할 수는 없다.

그러므로 간경할 때에는 언제나 경의 말씀을 알음알이로 취하고자 하는 데에서 읽을 것이 아니라, 부처님께서 말씀하신 참된 의미를 내면으로 비추어 보는 데에서 읽어야 할 것이다.

또한 이렇게 간경해야 비로소 경전의 이치를 깨달을 수 있고, 경전을 읽는 공덕도 있는 것이다.

금강경을 통해서 본 바른 간경

금강경(金剛經)에서는 부처님께서 "수보리야, 너는 어떻게 생각하느냐? 만약 어떤 사람이 삼천대천세계에 가득할 만큼의 일곱 가지 보배로 보시한다면, 그 사람이 얻는 복이 얼마나 많다 하겠느냐?"라고 물으신 후 "만약 이 경 가운데 네 글귀 게송만이라도 받아 지녀 다른 이를 위하여 말해 주는 이가 있다면, 그 복이 앞에

보시한 복보다 수승하니라.”라고 말씀하시고 있다.

이를 두고 경을 읽고 외우면 모든 죄가 소멸되고 한량
없는 공덕을 성취하여 성불한다고 말하는 이들이 많다.

그러나 금강경의 다음 대목을 보면 경을 받아 지닌다는
의미와 읽고 외운다는 의미가 무엇인지 잘 알 수 있다.

“그때에 수보리가 이 경을 말씀하시는 것을 듣고 깊은
뜻을 깨달아, 눈물을 흘리고 슬피 울면서 부처님께 말
하였다.

‘희유하옵니다. 세존이시여, 부처님께서 이러-히 매우
깊은 경의 법을 말씀하시니, 제가 옛날부터 지내오며
얻은 지혜의 눈으로는, 일찍이 이러-한 경을 듣고 얻지
못하였습니다. 세존이시여, 만약 이 경을 듣고 얻어서
믿는 마음이 청정한 이가 있다면 곧 실상을 이룬 것이
니, 마땅히 이 사람은 제일 희유한 공덕을 성취했다 하
겠습니다.’”

그리고 다시 다음과 같이 말씀하셨다.

"세존이시여, 제가 지금 이러-한 경의 법을 들어 얻고, 믿어 알아서, 받아 지니는 것은 어렵지 않으나, 만약 앞으로 후 오백 세의 세상에 이 경을 들어 얻고, 믿어 알아서, 받아 지니는 중생이 있다면 그 사람은 제일 희유하다 하겠습니다."

이 대목을 보자면 수보리 존자가 경의 깊은 뜻을 깨달은 것을 경을 들어 얻었다고 하고 있으며, 경을 들어 얻은 이후 믿어 알아 받아 지님을 이야기하고 있으므로, 부처님과 수보리 존자간에 이야기하는 경을 '들어 얻음'은 경의 참뜻을 깨닫는 것이요, '믿어 앎'은 결정신을 내려 참 성품의 진리를 모두 통달하는 것이요, '받아 지님'은 참 성품과 성품의 진리를 깨달아 그 경지를 일상화하는 것임을 알 수 있다.

이 이후에 부처님께서 말씀하시기를 "수보리야, 미래의 세상에 만약 선남자 선여인이 있어 능히 이 경을 받아 지녀 읽고 외우면, 곧 여래가 부처 지혜로 이 사람을

모두 알며 이 사람을 모두 보나니, 다 한량없고 끝이 없는 공덕을 성취하여 얻은 것이니라.” 하고 다시 “이 경전을 듣고 믿어 마음에 어기지 않는 이가 있다면, 그 복이 앞에서 몸을 보시한 것보다 수승한데, 하물며 글로 쓰고 받아 지녀 읽고 외워서 사람을 위하여 알도록 말하여 준 것이야 어떻겠느냐.”라고 하시고 있다.

앞의 대목과 함께 연결하여 이 대목을 보자면, 이 대목의 경전을 듣고 믿는다는 것은 앞 대목의 들어 얻고 믿어 안다는 대목, 즉 경의 참뜻을 깨달아 참 성품의 진리를 모두 통달한다는 것과 일치하며, 이에 비길 수 없는 것으로 ‘글로 쓰고 받아 지녀 읽고 외움’을 이야기하고 있으므로, ‘글로 쓰고 받아 지녀 읽고 외움’은, 참 성품과 성품의 진리를 통달하여 그 경지를 일상화한 분이, 다른 이를 위하여 깨달은 바를 바르게 가르치는 것임을 알 수 있다.

또한 그렇기에 그 공덕이 한량없고 끝이 없다 할 수 있는

것이다.

바른 간경이 아니라면 그 목적을 이루지 못한다

이렇게 경을 받아 지니고 읽고 외우는 것이 어떠한 것
이며 그 공덕이 얼마나 큰 것인지, 금강경에 적나라하게
밝혀져 있음에도, 금강경의 구절을 들어 다만 경의 글
귀를 읽고 쓰면 모든 죄가 소멸되고 한량없는 공덕을
성취하여 성불한다고 이야기하고, 그렇게 믿는 이들을
많이 볼 수 있다.
물론 경전을 읽는 것이 불법에 깊이 인연을 맺게 하고
마음을 순화시키는 등 그 공덕이 없는 것은 아니다. 그
러나 다만 경전을 읽고 외우고 쓰는 것만으로, 죄업 소
멸과 한량없는 공덕의 성취를 바라고 극락에 나기를
소원하고 있다면, 이 얼마나 안타까운 일인가.

바르지 못한 간경의 과보

하물며 간경, 독경[11], 사경[12]을 많이 한 것으로 법상, 아상을 삼아 아만을 부리는 이가 있다면, 이 어찌 우스꽝스럽고도 무서운 일이라 아니할 수 있으랴.

이야말로 바른 간경을 하지 못한 잘못된 견해로 인해, 불법을 믿는다는 이가, 오히려 불법의 상(相) 없는 도리를 등지고 상에 떨어져, 도리어 지옥문을 열고 있는 것이라 할 것이다.

다만 알음알이를 키워 스스로 법아상을 쌓아갈 뿐 아니라, 경의 참뜻을 왜곡하여 다른 이에게 역설하여, 자타를 사지로 몰아넣는 씻을 수 없는 죄를 짓게 되기 때문이다.

---

11) 독경(讀經) : 경을 소리내어 읽는 것.
12) 사경(寫經) : 경을 쓰는 것.

이런 까닭에 경의 참뜻을 안으로 내관하여 비추어 보면서 경을 읽을 때, 비로소 바른 간경이라 할 수 있으며, 바른 간경을 해야만 경의 참뜻인 실상의 경지를 깨달아, 경을 들어 얻고, 믿어 알아, 받아 지녀, 읽고 외울 수 있게 될 것이다.

결국 간경하는 목적은 불법의 최고의 뜻인 참 성품을 깨달아 그 이치를 통달하는 데 있으므로, 경을 읽으며 부처님의 말씀하신 바를 내면을 향해 비추어 보아, 자기 마음의 실상을 깨닫고자 하는 바가 없다면 간경의 의미도 없다 할 것이다.

만약 참답게 경을 본다면 경이란 자신의 마음 가운데 분명하게 드러나 있을 것이다.

이러한 경지를 깨달을 때까지 항상 간경할 때마다 경의 뜻을 내관하여 자신의 마음을 비추어봐야 할 것이다.

석가모니 부처님께서 과거세에 설산동자였던 때, 보살행을 닦으면서 대승경전을 구하다가 얻지 못하고 설산에 들어가 좌선을 하였습니다.

그때 제석천왕이 동자를 시험하기 위해 나찰로 변신하여, 칠불통계게(七佛通戒偈) 중의 전반게(前半偈)인 '제행무상(諸行無常) 시생멸법(是生滅法)'의 여덟 자를 읽었습니다.

이는 '모든 행이 무상하니 이것은 생멸하는 법이다.'라는 뜻입니다.

동자가 이를 듣고 기뻐하며 뒤의 두 구를 일러달라고 간청하니 나찰은 배가 고파 읽을 수 없다고 하였습니다.

동자가 무엇을 먹느냐고 물으니 자신은 사람의 더운 살과 피만 먹는다고 답하였습니다.

동자는 만일 뒤의 두 구를 일러주면 자신의 살과 피를 보시하겠다고 약속하였습니다.

그러자 나찰은 뒤의 두 구를 읊었습니다.

'생멸멸이(生滅滅已) 적멸위락(寂滅爲樂)'

이는 '생멸이 다하면 적멸이 낙이 된다.'라는 뜻입니다.

설산동자는 이 게송을 듣고 뛰는 듯 기뻐하며 주위의 바닥과 나무에 이 게송을 새겼습니다.

그리고 절벽 끝에 서서 모든 이들을 향해 말하였습니다.

"법에 야박한 마음을 내는 이들이여, 부디 반 게송에 몸을 던지는 나를 보아, 법에 대한 지극한 마음을 내어, 모든 고통과 속박에서 벗어나십시오."

곧 이어 설산동자는 나찰에게 약속한 대로 몸을 던졌습니다.

나찰은 곧 제석천왕으로 변하여 절벽으로 떨어지는 동자의 몸을 한 송이 연꽃처럼 사뿐히 받아서 제자리에 올려놓았습니다.

설산동자는 대승경전을 구하다가 좌선을 했다고 하였습니다.
그런 설산동자의 마음을 사로잡은 게송이라면 그것이 경전이겠
지요.
'생멸이 다하면 적멸이 낙이 된다'는 대목은 곧 대승의 법을 읽을
수 있는 구절이라 할 것입니다.
이처럼 경전이란 책과 글이 아니라 그 글귀 속에 숨쉬는 '참 법',
'참 깨달음' 이지요.
한 구절이라도 설산동자처럼 볼 때 그것이 바른 간경이라 할 것
입니다.
또한 그 구절을 듣고 몸을 나찰에게 던져야 할 마당에 바닥과 나
무에 게송을 새겨 이를 많은 이들에게 알리고자 하고, 절벽 끝에
서서 모든 이들이 법에 대한 지극한 마음을 내어 고통과 속박에
서 벗어나기를 간절히 기도하는 설산동자의 모습은 곧 대승, 아니
최상승이라 할 것입니다.

Ⅲ. 바른 염불법

1. 바른 염불법

염불이란?

염불이란 '생각 념(念)' 자, '부처 불(佛)' 자, 불보살님의 명호를 부르며 부처님을 생각하는 것이다.

염불의 목적

자력수행하는 이들의 염불하는 목적은, 자기 마음의 참 부처를 깨달아, 본래 구족하고, 본래 자재하고, 본래 극락인 삶을 영위하고자 하는 데 있다 할 것이다.
타력을 입으려고 수행하는 이들의 염불의 목적은, 내생에 아미타 부처님이 법장비구일 때 48원을 세워 건립

한 극락세계에 태어나는 것이다. 혹은 뜻한 바 일의 원만성취이다.

염불의 목적이 이루어지는 이치

어느 쪽이 되든 그 목적을 이루고자 하면, 부처님을 지극히 생각하는 것으로 일념이 되어, 번뇌 망상이 모두 쉬어져야만 한다.

자기 마음의 참 부처를 깨닫고자 하는 이는, 모든 번뇌 망상이 쉬어짐으로 해서, 본래의 마음에 사무칠 수 있는 바탕이 이루어질 것이요, 극락세계에 나기를 원하는 이는, 마음의 모든 번뇌 망상이 쉬어짐으로 해서, 업을 녹여 내세에 왕생극락하고자 하는 뜻을 이룰 것이요, 뜻한 바 일의 원만성취 역시 이렇게 일념이 된 데에서 지극히 발원할 때, 그 원이 불보살님께 전해져 가피를 입어 성취하게 되는 것이다.

바르게 염불하는 법

그러므로 이렇게 부처님을 지극히 생각하는 것이 일념이
되어, 마음의 번뇌 망상을 쉬고자 한다면, 성인의 명호
를 부르며 염불을 할 때, 밖으로 치달릴 것이 아니라, 소
리를 듣는 마음으로 돌이켜 비추어 염불해야 할 것이
다.
아미타불을 부를 때 부르는 소리를 듣는 그 마음을 돌
이켜 비추어, 밖으로 치달리지 않도록 염불하고, 만약
잡념이 일어난다면 속도를 빨리 하여 잡념이 들어올
틈이 없이 염불해야 한다.

염불삼매와 그 공덕

이렇게 지극하게 끊어질 틈이 없이, 소리 듣는 마음을
돌이켜 비추어 내면을 향하여 관조하면서 염불을 할

때, 어느 순간 아미타불을 부르는 소리와 그 소리를 듣
는 마음을 비추어서 염불하는 마음이 나뉨이 없게 된다.
여기에서 더 나아가면, 하늘 땅도 내 몸조차 흔적없이
사라지고, 아미타불을 부르는 소리조차 사라져, 아미
타불을 염하는 마음뿐인 염불삼매에 들게 된다.
이렇게 되면 염불하는 이의 마음이, 한결같이 동일한
마음바탕을 지닌 아미타불의 마음과 나뉨없이 상즉되
어 공부를 성취하게 될 뿐 아니라, 그 원이 아미타불께
전해져 가피를 입어, 뜻한 바 일을 원만성취하게 된다.

나옹 화상의 게송을 통해서 본 염불법과 염불의 공덕

나옹 화상의 게송에, 위에서 말한 염불하는 방법을 증
명해주는 듯한 게송이 있다.
이 게송은 또한 염불삼매에 들어 공부를 성취한 경지
까지 이야기해놓고 있다.

아미타불재하방(阿彌陀佛在何方)
착득심두절막망(着得心頭切莫忘)
염도염궁무념처(念到念窮無念處)
육문상방자금광(六門常放紫金光)

아미타부처님이 어느 곳에 있는가?
마음머리에 착득하여 절대 잊지 않아서
생각이 다하고 생각이 다하여 무념에 이르르면
여섯 문에서 항상 자금색 광명을 놓으리라

‘아미타부처님이 어느 곳에 있는가?’ 하는 것은, 밖으로 치달리지 않고 내면을 향하여 비추어보며 염불할 때 이루어지고 있다 할 것이다.
염불의 목적이 일념으로 염불하여 마음의 모든 번뇌 망상을 쉬어, 자신의 마음바탕에 사무쳐 마음의 참 부처를 깨닫는 것이라면, 이렇게 소리 듣는 내면을 향하여 비추어 보며 염불하는 것이야말로, 바로 ‘아미타부

 바른 불자가 됩시다

처님이 어느 곳에 있는가?' 하는 대목에 걸맞는 염불
이라 할 것이다.

이것이 또한 마음머리에 착득하여 염불하는 것이며,
이렇게 내면으로 비추어 염불하는 것이 일념이 되어
끊어짐이 없으면, 생각이 다하고 생각이 다하여 무념에
이르르게 된다.

'여섯 문에서 항상 자금색 광명을 놓으리라' 하는 것
은, 염불삼매에 이르러서 마음의 실상인 참 부처를 깨
달으니, 안이비설신의(眼耳鼻舌身意)의 여섯 작용이
곧 성품의 광명인 깨달음이라는 것을 말해주고 있는
것이다. 이러한 깨달음의 실경이 곧 염불의 가장 큰
공덕이라 할 것이다.

또한 위와 같은 방법으로 바르게 염불하면, 설령 깨닫
지 못하더라도, 마음의 어지러움이 쉬어 업을 녹임으
로써, 내세에 극락세계에 나는 것을 기약하고, 모든 일
을 원만성취할 수 있다.

노비 욱면(郁面)의 염불 이야기를 아십니까?

신라 제 35대 경덕왕은 석굴암과 불국사를 창건하는 등 불교문화 발전에 크게 이바지한 왕이었습니다.

이 경덕왕 때 뜻있는 강주의 거사 수십 명이 서방정토 극락세계에 갈 것에 뜻을 두고 미타사를 창건하고 그 절에서 염불 기도를 하였습니다.

1만 일(日)을 작정하고 스님들과 함께 미타사의 법당에서 하루도 빠짐없이 착실하게 염불하였는데, 아간(阿干) 귀진(貴珍)의 집에 욱면이라는 한 여종이 그 주인을 따라 절에 가서 뜰 중앙에 서서 염불하였습니다.

주인은 그 종이 분수에 맞지 않게 염불하는 것을 미워해서 절에 오지 못하게 하려고 곡식 두 섬을 내주면서 그것을 하루 저녁에 다 찧으라고 했습니다. 그러나 욱면은 그 곡식을 저녁 내 다 찧어놓고 변함없이 절에 와서 염불하였습니다.

욱면이 빠지지 않고 염불하자 주인은 더욱 화가 나서 매일 저녁마다 곡식 두 섬을 내어주었습니다.

하지만 욱면은 매일 저녁마다 두 섬의 곡식을 다 찧어놓고 여전히 하루도 빠짐없이 지극정성으로 염불하였습니다.

날마다 고된 일을 해서 졸음이 쏟아지자, 욱면은 뜰 좌우에 긴 말뚝을 세우고 두 손바닥을 뚫어 노끈으로 꿰어 말뚝에 매어 합장한 손이 흐트러지지 않도록 하였습니다.

또한 좌우로 몸을 흔들면서 졸음에 떨어지지 않도록 스스로 발심하여 자신을 격려해가며 염불하였습니다.

이렇게 하던 어느 날, 공중에서 하늘의 소리가 있었습니다.

"욱면 낭자를 법당에 모셔서 염불하게 하라!"

이 소리를 들은 승려들이 욱면에게 권하여 함께 법당에 들어가 염불하게 하였습니다.

얼마 되지 않아 음악소리가 하늘 서쪽으로부터 들려오더니 욱면은 몸을 솟구쳐 대들보를 뚫고 날아갔습니다.

욱면이 서쪽으로 가다가 육신을 버리고 진신을 드러내어 연꽃대에 앉아 큰 광명을 발하면서 천천히 사라져갔습니다. 이때 음악소리가 공중에서 그치지 않았습니다.

욱면 낭자 이야기, 가슴이 찡하지요?

손바닥을 뚫어 합장이 흐트러지지 않도록 했다는 데에서 사람이라면 누구나 그 지극함에 감동하지 않을 수 없을 겁니다.

지성이면 감천. 불보살님께 염불하는 마음이 통하고 그 극치에서 스스로 깨달아 왕생극락한 것입니다.

욱면 이야기가 단순히 미신적 요소를 지닌 이야깃거리가 아니라는 것은 승전(僧傳)의 기록을 보면 알 수 있습니다.

승전에 보면 욱면은 하가산(下柯山)에 갔다가 꿈을 꾼 뒤 발심하였으며, 9년 동안 부처님께 예배하며 염불하였다고 합니다.

즉, 욱면의 이야기는 지극한 일념으로 9년 동안 염불수행하여 업을 닦아 그 극치에 이르른 데에서 깨달은 염불수행의 본보기라 할 것입니다.

2. 바른 주력법(呪力法)

주력이란?

주력은 불보살님의 명호나 진언(眞言) 혹은 다라니를
일념으로 외워서, 이것을 수행의 방편으로 삼는 것이다.

주력하는 방법

염불과 다른 점이 있다면 불보살님의 명호뿐 아니라
진언 또는 다라니를 외우기도 한다는 것이며, 또 하나
시간, 장소를 가리지 않고 잠자는 시간 외에는 다른
생각이 들어올 틈도 없이 빠르게 외워서, 나중에는
잠자는 시간마저도 끊어짐이 없이 이어지도록 하는
것이다.

진언과 다라니의 효험

진언과 다라니는 부처님과 보살님들의 진실하여 거짓이 없는 신령한 주문으로, 진언은 짧은 반면 다라니는 진언보다 훨씬 길다.

천수경의 첫 대목인 '정구업진언(淨口業眞言, 입의 업을 깨끗이 하는 진언)'은 진언의 이름이고, '수리수리 마하수리 수수리 사바하'는 진언의 문구이다. 불자들이 가장 흔히 알고 많이 외우는 진언에 '옴마니반메훔' 등이 있다.

대표적으로 많이 외우는 다라니에는 천수경의 신묘장구대다라니(神妙章句大陀羅尼, 신묘한 힘을 지닌 큰 다라니)가 있다.

진언과 다라니는 부처님과 보살님들이 삼매자재의 경지에서, 그 자재한 힘으로, 중생을 구제하기 위해, 당신들의 가피력을 주문에 베푼 것이다.

진언에는 첫째, 불보살님의 깨달음의 경지가 서려 있어, 번뇌를 멸하고 지혜를 밝히며 선을 일으키고 악을 누르는 힘이 있다고 한다. 그래서 자력수행을 하는 이들은, 진언과 다라니 수행으로, 반야의 지혜를 통한 깨달음을 근본 목표로 주력한다.

둘째, 불보살님들의 중생의 고난을 없애주려는 서원이 서려 있어, 진언을 외우면 재난을 없애고 복을 부르며 공덕이 쌓인다고 하여, 타력을 입으려는 이들이, 진언과 다라니를 외워, 액운을 면하고 원을 이루려고 한다. 그러나 결국 자력수행을 하는 이이든 타력을 입으려는 이이든, 주력을 하는 궁극적인 목적은, 근본 자성을 밝혀 구경성불하는 것이라 할 수 있다.

그러므로 주력과 염불은 수행방법에 차이가 있을 뿐이어서, 주력을 할 때에도 염불을 할 때와 마찬가지로, 항상 내면으로 비추어 지극한 마음으로 관행하면서 주력해야 한다.

불자들 중 주력을 하는 분들이 타력을 입으려는 마음으로만 치우쳐 있는 것은, 주력 수행의 궁극적인 목적을 잊어버린 것일 뿐만 아니라, 지극한 마음으로 내면으로 비추어 관행함으로 해서, 주문을 베푼 불보살님들의 마음과 일체되어야만, 그 가피를 입게 된다는 것을 모르는 데에서 이루어진 주력법이라 할 것이다.

바르게 주력을 해서 마음에 어지러움이 없어 선정이 이루어지면, 삼매의 경지에 들어 참 성품을 깨닫기에 좋으며, 또한 업이 빨리 녹아, 설사 깨닫지 못하더라도,

사후에 극락왕생을 기약할 수 있게 된다.

더불어 정신일도하사불성(精神一到何事不成)이라 하듯 모든 소원이 성취된다.

이러한 자신의 마음의 힘에 불보살님의 위신력이 함께 하여 그 가피가 무한하니, 바른 주력의 공덕이 크다 할 것이다.

바른 참회

참회, 십계를 바탕으로 한 참회여야 한다

부처님께서는 당신의 열반 후에 계로써 스승을 삼으라
고 하셨다.

계는 수행자뿐만 아니라 모든 중생들이 자신의 업을
다하고, 새로운 업을 쌓지 않기 위해 지켜야 할 바를
말한다.

부처님께서 주신 모든 계는 10계를 바탕으로 이루어져
있기에, 10계를 지킨다면 모든 계가 다 지켜진다고 할

수 있고, 10계가 지켜지지 않는다면 모든 계가 다 파해
진다고 할 수 있다. 그러므로 참회법은 반드시 10계를
바탕에 두고 그를 어긴 데에 대한 참회로써 이루어져야
한다.
세간에서 108 참회를 많이 하는데, 이 역시 10계를 바
탕으로 하여 참회문이 이루어져야 한다.

세세생생의 알고, 모르는 잘못까지 참회해야 한다

이 세상 일이 뜻대로 되지 않는 것은 모두가 전생, 전전
생의 악연 때문이다.
전생에 익힌 업이 현생에까지 이어져 살아가는 일에
뭇 장애가 벌어지고 있는 것이다.
전생에 지어놓은 업에 따라, 길하고 흉하고 좋고 나쁜
것이 있게 되었으므로, 참회하려면 금생의 잘못만을
참회하는 것이 아니라, 전생, 전전생의 모든 잘못까지

참회해야 한다.

또한 자신이 알고 저지른 잘못도 있고, 모르고 저지른 잘못도 있으니, 모르고 저지른 잘못까지 다 참회해야 한다.

참회의 공덕과 과보

이렇게 지극히 참회하면, 안으로는 계를 어김으로 해서 일어난 어지러움이 사라져 공부에 마장이 없게 되고, 밖으로는 모든 악연으로 인한 장애가 없게 되니, 이보다 더한 기도법은 없다 할 것이다.

계를 어김으로 해서 지은 업을 다해가면, 이렇게 안팎의 장애가 사라져 선정이 이루어지고, 선정이 이루어지는 데에서 깨달음의 길이 열리게 되어, 영원히 생사의 고통을 벗어나 낙을 누리며, 자타를 이롭게 하는 일이 끝이 없게 된다.

참회는 결국 어리석음을 벗어나 깨달음의 삶을 살게
해주며, 고통과 속박의 삶을 면하고 소망하는 삶을 살
수 있게 해주는 수행법이라 할 것이다.

이 책의 108참회 하는 법

이 책의 108참회문은 부처님께서 설하신 모든 계율을
함축하고 있는 10계를 위주로 구성하였을 뿐만 아니라,
전생, 전전생의 모든 업과, 모르고 저지른 잘못까지 다
참회할 수 있도록 참회문이 이루어져 있다.
한 칙을 읽을 때마다 1배를 하여 108참회문에 108배를
겸하여 지극히 참회한다.
경우에 따라, 시간이 있는 분은 천수경을 독송한 후 백
팔참회에 들어가고, 시간이 없는 분은 삼귀의례를 하고
백팔참회에 들어간다.

 바른 불자가 됩시다

삼귀의례(三歸依禮)

지혜와 복덕을 갖춘 거룩한 부처님께 귀의합니다.
(귀의불 양족존 : 歸依佛 兩足尊)

  – 1배

탐진치 삼독을 초월한 거룩한 가르침에 귀의합니다.
(귀의법 이욕존 : 歸依法 離欲尊)

  – 1배

대중 가운데 거룩한 스님들께 귀의합니다.
(귀의승 중중존 : 歸依僧 衆中尊)

  – 1배

1. 전생에 부처님을 비방한 죄를 참회합니다.

2. 전생에 부처님법을 비방한 죄를 참회합니다.

3. 전생에 수행하는 스님들을 비방한 죄를
   참회합니다.

4. 전생에 불법을 닦아야 함을 알면서도 닦지 않은
   죄를 참회합니다.

5. 전생에 불법을 적극 수호하지 못한 죄를
   참회합니다.

6. 금생에 부처님을 비방한 죄를 참회합니다.

7. 금생에 부처님법을 비방한 죄를 참회합니다.

8. 금생에 수행하는 스님들을 비방한 죄를
   참회합니다.

9. 금생에 불법을 닦아야 함을 알면서도 닦지 않은
   죄를 참회합니다.

10. 금생에 불법을 적극 수호하지 못한 죄를
    참회합니다.

*둘. 살생한 죄

11. 전생에 살생한 죄를 참회합니다.

12. 전생에 살생을 모르는 사이 도운 죄를 참회합니다.

13. 전생에 살생하는 마음 가졌던 죄를 참회합니다.

14. 전생에 살생하여 기른 곡식임을 알면서도 먹고 산
    죄를 참회합니다.

15. 전생에 물도 생명인 줄 알면서 먹고 산 죄를
    참회합니다.

16. 금생에 살생한 죄를 참회합니다.

17. 금생에 살생을 모르는 사이 도운 죄를 참회합니다.

18. 금생에 살생하는 마음 가졌던 죄를 참회합니다.

19. 금생에 살생하여 기른 곡식임을 알면서도 먹고 산
    죄를 참회합니다.

20. 금생에 물도 생명인 줄 알면서 먹고 산 죄를
    참회합니다.

＊ 셋. 도적질한 죄

21. 전생에 도적질한 죄를 참회합니다.

22. 전생에 도적질을 모르는 사이 도운 죄를
    참회합니다.

23. 전생에 남의 물건 탐낸 죄를 참회합니다.

24. 전생에 남에게 빌린 것을 고의로 갚지 않은 죄를
    참회합니다.

25. 전생에 남에게 빌린 것을 없어서 갚지 못한 죄를
    참회합니다.

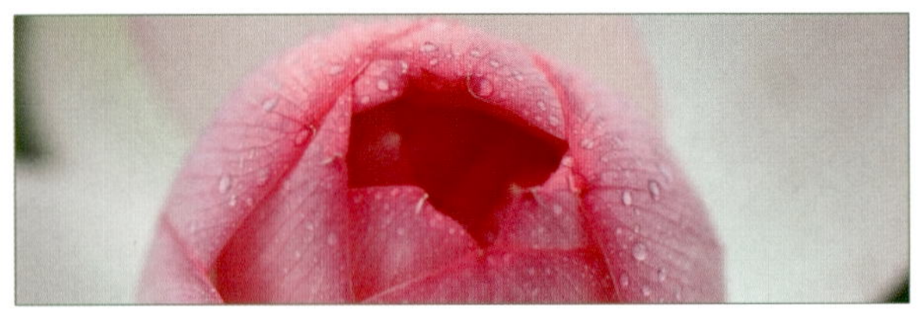

26. 금생에 도적질한 죄를 참회합니다.

27. 금생에 도적질을 모르는 사이 도운 죄를
    참회합니다.

28. 금생에 남의 물건 탐낸 죄를 참회합니다.

29. 금생에 남에게 빌린 것을 고의로 갚지 않은 죄를
    참회합니다.

30. 금생에 남에게 빌린 것을 없어서 갚지 못한 죄를
    참회합니다.

* 넷. 음행의 죄

31. 전생에 바른 음행을 못한 죄를 참회합니다.

32. 전생에 이성을 범하는 일을 모르는 사이 도운
    죄를 참회합니다.

33. 전생에 이성을 보고 마음으로 범한 죄를
    참회합니다.

34. 전생에 자신을 부각하여 이성에게 음심을
    일으키게 한 죄를 참회합니다.

35. 전생에 제삼자를 시켜 자신을 부각하여 이성에게
    음심을 일으키게 한 죄를 참회합니다.

36. 금생에 바른 음행을 못한 죄를 참회합니다.

37. 금생에 이성을 범하는 일을 모르는 사이 도운
　　죄를 참회합니다.

38. 금생에 이성을 보고 마음으로 범한 죄를
　　참회합니다.

39. 금생에 자신을 부각하여 이성에게 음심을
　　일으키게 한 죄를 참회합니다.

40. 금생에 제삼자를 시켜 자신을 부각하여 이성에게
　　음심을 일으키게 한 죄를 참회합니다.

41. 선생에 없는 말을 만들어 남을 곤경에 빠뜨린 죄를
    참회합니다.

42. 전생에 거짓말한 죄를 참회합니다.

43. 전생에 이간질한 죄를 참회합니다.

44. 전생에 꾸며 말한 죄를 참회합니다.

45. 전생에 남에게 악담한 죄를 참회합니다.

46. 금생에 없는 말을 만들어 남을 곤경에 빠뜨린
    죄를 참회합니다.

47. 금생에 거짓말한 죄를 참회합니다.

48. 금생에 이간질한 죄를 참회합니다.

49. 금생에 꾸며 말한 죄를 참회합니다.

50. 금생에 남에게 악담한 죄를 참회합니다.

51. 전생에 술 마심으로 지은 죄를 참회합니다.

52. 전생에 술 마심으로 스스로 어지러웠던 죄를
    참회합니다.

53. 전생에 술 마심으로 남에게 피해를 끼친 죄를
    참회합니다.

54. 전생에 남에게 술을 마시게 한 죄를 참회합니다.

55. 전생에 남에게 술을 마시게 하여 그이로 하여금
    다른 이에게 피해를 끼치게 한 죄를 참회합니다.

56. 금생에 술 마심으로 지은 죄를 참회합니다.

57. 금생에 술 마심으로 스스로 어지러웠던 죄를
    참회합니다.

58. 금생에 술 마심으로 남에게 피해를 끼친 죄를
    참회합니다.

59. 금생에 남에게 술을 마시게 한 죄를 참회합니다.

60. 금생에 남에게 술을 마시게 하여 그이로 하여금
    다른 이에게 피해를 끼치게 한 죄를 참회합니다.

61. 전생에 몸을 아름답게 꾸미고 방탕한 죄를
    참회합니다.

62. 전생에 교묘한 자태로 남을 유혹한 죄를
    참회합니다.

63. 전생에 남에게 몸을 아름답게 꾸며 방탕케 한
    죄를 참회합니다.

64. 전생에 교묘한 자태로 남을 유혹하여 자신의
    목적을 이룬 죄를 참회합니다.

65. 전생에 몸에 향기를 뿌리고 다니며 남의 마음을
    어지럽게 한 죄를 참회합니다.

66. 금생에 몸을 아름답게 꾸미고 방탕한 죄를
　　참회합니다.

67. 금생에 교묘한 자태로 남을 유혹한 죄를
　　참회합니다.

68. 금생에 남에게 몸을 아름답게 꾸며 방탕케 한
　　죄를 참회합니다.

69. 금생에 교묘한 자태로 남을 유혹하여 자신의
　　목적을 이룬 죄를 참회합니다.

70. 금생에 몸에 향기를 뿌리고 다니며 남의 마음을
　　어지럽게 한 죄를 참회합니다.

71. 전생에 노래나 하며 빙딩한 죄를 참회합니다.

72. 전생에 노래나 하며 허송세월한 죄를 참회합니다.

73. 전생에 노래나 하며 놀아 나라와 가정에 보탬이
되지 못한 죄를 참회합니다.

74. 전생에 춤이나 추며 자신의 마음을 흐린 죄를
참회합니다.

75. 전생에 춤이나 추며 남의 눈을 흐리게 한 죄를
참회합니다.

76. 금생에 노래나 하며 방탕한 죄를 참회합니다.

77. 금생에 노래나 하며 허송세월한 죄를 참회합니다.

78. 금생에 노래나 하며 놀아 나라와 가정에 보탬이
    되지 못한 죄를 참회합니다.

79. 금생에 춤이나 추며 자신의 마음을 흐린 죄를
    참회합니다.

80. 금생에 춤이나 추며 남의 눈을 흐리게 한 죄를
    참회합니다.

* 아홉. 때 아닌 때 먹은 죄

81. 전생에 때 아닌 때 먹은 죄를 참회합니다.

82. 전생에 육식한 죄를 참회합니다.

83. 전생에 함부로 먹고 써서 허비한 죄를
　　참회합니다.

84. 전생에 양식이 농부들의 피땀임을 잊은 죄를
　　참회합니다.

85. 전생에 수많은 생명들의 희생을 잊은 채 먹고 쓴
　　죄를 참회합니다.

86. 금생에 때 아닌 때 먹은 죄를 참회합니다.

87. 금생에 육식한 죄를 참회합니다.

88. 금생에 함부로 먹고 써서 허비한 죄를
참회합니다.

89. 금생에 양식이 농부들의 피땀임을 잊은 죄를
참회합니다.

90. 금생에 수많은 생명들의 희생을 잊은 채 먹고 쓴
죄를 참회합니다.

91. 전생에 금은보화를 탐하여 가진 죄를 참회합니다.

92. 전생에 금은보화를 많이 가져 남에게 과시한 죄를
참회합니다.

93. 전생에 금은보화를 많이 가져 남을 업신여긴 죄를
참회합니다.

94. 전생에 금은보화를 많이 가져 남에게 초라한
마음을 갖게 한 죄를 참회합니다.

95. 전생에 금은보화를 많이 가져 남에게 탐하게 한
죄를 참회합니다.

96. 금생에 금은보화를 탐하여 가진 죄를 참회합니다.

97. 금생에 금은보화를 많이 가져 남에게 과시한 죄를
    참회합니다.

98. 금생에 금은보화를 많이 가져 남을 업신여긴 죄를
    참회합니다.

99. 금생에 금은보화를 많이 가져 남에게 초라한
    마음을 갖게 한 죄를 참회합니다.

100. 금생에 금은보화를 많이 가져 남에게 탐하게 한
     죄를 참회합니다.

101. 전생에 나라의 명을 지키지 못한 죄를
　　　참회합니다.

102. 전생에 나라에 충성을 다하지 못한 죄를
　　　참회합니다.

103. 전생에 부모에게 효를 다하지 못한 죄를
　　　참회합니다.

104. 전생에 가난한 이웃에 다하지 못한 죄를
　　　참회합니다.

105. 금생에 나라의 명을 지키지 못한 죄를
   참회합니다.

106. 금생에 나라에 충성을 다하지 못한 죄를
   참회합니다.

107. 금생에 부모에게 효를 다하지 못한 죄를
   참회합니다.

108. 금생에 가난한 이웃에 다하지 못한 죄를
   참회합니다.

나무 삼계도사 사생자부 시아본사 석가모니불
(석가모니불 108번)

모두 함께
생각해 봅시다

21세기에 인류가 해야 할 일

이 사람은 1962년 26세 때부터 21세기에 인류에게 닥칠 공해 문제, 에너지 문제를 예견하고 대체에너지(무한원동기, 태양력, 파력, 풍력 등) 개발과 '울 안의 농법'을 연구하고 그 필요성을 많은 이들에게 이야기해 왔습니다.

당시에는 너무 시대를 앞서가는 이야기여서인지 일반인들이 수용하지 못하고 오히려 불신의 눈으로 바라보며 이 사람의 법마저 의심하였습니다. 하지만 현대에 있어서는 이것이 인류가 해결해야 할 가장 절박한 사안이 되어 있습니다.

'사막화방지 국제연대'를 설립한 것도 현재 인류가 해결해야 할 가장 절박한 지구환경문제를 이슈화시키고 그 해결책을 제시하여 재앙에 직면한 지구촌을 살리기 위해서입니다.

'사막화방지 국제연대'에서 추진하고 있는 사막화 방지, 지구 초원화, 대체 에너지 개발은 온 인류가 발 벗고 나서서 해야 할 일입니다.

첫 번째 사막화 방지에 있어서 기존에 해왔던 '나무심기 사업'은 천문학적인 예산과 많은 인력을 동원하고도 극도로 황폐한 사막화된 환경을 되살리는 데 실패하였습니다.

그래서 이 사람은 사막화 방지에 있어서는 '사막 해수로 사업'을 새로운 방안으로 제시하였습니다. 사막 해수로 사업은 사막화된 지역에 수도관을 매설하여 바닷물을 끌어들여서 염분에 강한 식물을 중심으로 자연생태계를 복원하는 사업입니다.

이것은 나무심기 사업으로 심은 나무들이 절대적으로 물이 부족하여 생존할 수 없었던 문제를 해결할 수 있는, 현재로서는 유일한 해결책입니다.

그러나 '사막화방지 국제연대'의 목적은 사막이 확장되는 것을 방지하자는 것이지 사막 전체를 완전히 없애자는 것은 아닙니다.

인체에서 심장이 모든 피를 전신의 구석구석까지 골고루 보내어 살아서 활동하게 하듯이 사막은 오히려 지구의 심장 역할을 하는 중요한 곳이기 때문입니다.

그래서 21세기에 있어서는 다만 사막의 확장을 방지할 뿐 아니라 사막을 어떻게 운용하느냐를 연구해야 합니다.

사막에 바둑판처럼 사방이 막힌 플륨관 수로를 설치하여 동, 서, 남, 북 어느 방향의 수로를 얼마만큼 채우느냐 비우느냐에 따라, 사 막으로부터 사방 어느 방향으로든 거리까지 조절하여, 원하는 지 역에 비를 내리게 하고 그치게 할 수 있습니다. 철저히 과학적인 데이터에 의해 이렇게 사막을 운용함으로써 21세기의 지구를 풍 요로운 낙원시대로 만들어가야 합니다.

두 번째로 지구를 초원화할 수 있는 방안으로서 3년간의 실험을 통해, 광활한 황무지 지역을 큰 비용을 들이거나 많은 인력을 동원하지 않고도 짧은 시간 내에 초지로 바꿀 수 있는 식물을 찾아 냈습니다.

그것은 바로 '돌나물' 입니다. 돌나물은 따로 종자를 심을 필요가 없이 헬리콥터나 비행기로 살포해도 생존, 번식할 수 있으며, 추위와 더위, 황폐한 땅에서도 살아남을 수 있는 생명력과 번식력이 강한 식물입니다.

지구환경을 되살리는 초지조성 사업에 있어서 이것이 큰 도움이 되리라 생각합니다.

세 번째의 대체에너지 개발에 있어서는 태양력, 파력, 풍력 등 1962년도부터 이 사람이 연구하고 얘기해왔던 방법들이 이미 많이 개발되어 실용화한 단계에 있습니다.

이 세 가지 일은 한 개인이나 한 국가가 할 수 있는 일이 아닙니다. 모든 국가가 앞장서서 전세계적인 사업으로 이루어져야 합니다. 모든 국가가 함께 한 기금조성이 이루어져야 하고 기금조성에 참여한 국가는 이 시스템에 의한 전면적인 혜택을 입을 수 있도록 해야 합니다.

인류 모두가 지혜를 모아 이 일에 전력을 다한다면 인류는 유사 이래 가장 좋은 시절을 맞이하게 될 것이며, 만약 이 일을 남의 일인 양 외면한다면 극한의 재앙을 면할 수 없을 것입니다.

이 사람이 오래 전부터 얘기해왔던 '울 안의 농법'은 이미 미국 라스베이거스(Las Vegas)에서 30층짜리 '고층 빌딩 농장'으로 구현되었습니다. 그렇게 크게도 운영될 수 있지만 각자 자신의 집에서 이루어지는 '울 안의 농법'도 필요합니다.

21세기에 있어서 또 하나 인류가 만일의 사태를 대비해서 연구, 추진해야 될 일이 있다면 바닷속에서의 수중생활, 수중경작입니다. 지구가 심하게 온난화될 경우, 공기가 너무 많이 오염될 경우, 바닷물이 높아져 살 땅이 좁아질 경우 등에 대비할 때, 인류는 우주에서의 삶보다는 바닷속에서의 삶을 준비해야 합니다. 왜냐하면 그것이 훨씬 수월하고 비용도 절감할 수 있기 때문입니다.

이렇게 깨달은 이는 이변적으로는 깨달음을 얻게 하여 영생불멸의 삶을 영위할 수 있도록 만인을 이끌어야 하며 사변적으로는 일반인이 예측할 수 없는 백 년, 천 년 앞을 내다보아 이를 미리 앞서 대비하도록 만인의 삶을 이끌어줘야 한다고 생각합니다.

불법의 뜻은 다만 진리 전수에만 있는 것이 아니니, 만인이 서로 함께 영원한 극락을 누릴 때까지 물심양면으로, 이사일여로 베풀어 교화해야 하기 때문입니다.

불자의 노래

여기에 실린 것들은 모두 대원 문재현 선사님
께서 직접 작사하신 곡들이다.
수행의 길로 들어서게끔 신심, 발심을 북돋아
주는 곡으로부터 수행의 길로 접어든 이의 구도
의 몸부림이 담겨있는 곡, 대승의 원력을 발해서
교화하는 보살의 자비심과 함께 낙원세계를
누리는 풍류를 그려놓은 곡까지 가사 한마디,
한마디가 생생하여 그 뜻이 뼛속 깊이 새겨지고
그 멋에 흠뻑 취하게 된다.
대원 문재현 선사님께서는 거칠고 말초적인 요즘
의 노래를 듣고 이러한 정서를 순화시키고자,
또한 수행의 마음을 진작시키고자 하는 뜻에서
이 곡들을 작사하셨다.

서 원 가

작사 문재현
작곡 배신영
노래 홍노경

느리게

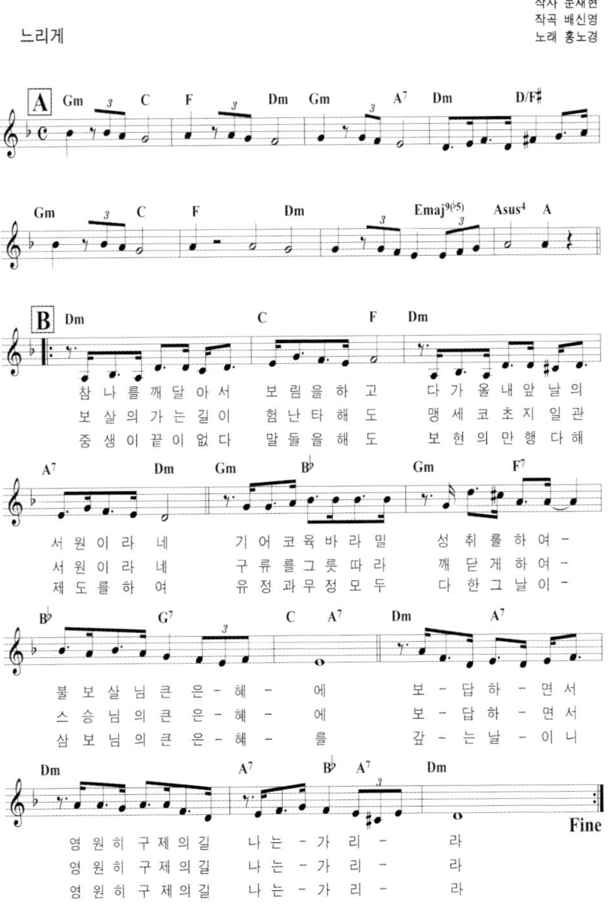

반조 염불가

작사 문재현
작곡 배신영
노래 홍노경

느리게

소중한 삶

작사 문재현
작곡 배신영
노래 홍노경

(모데라토) ♩= 100
소 중
불 법
한
은
나 날 들 을
영 원 하 고
아 끼 면 서
행 복 한 삶
사 랑 으 로
회 복 하 려
베 풀
노 력
며
하 는
사 노 라 면
길 - 이 니
삶 이 란 고 해 만 은 -
우 리 의 삶 앞 날 은 -
아 니 리
밝 으 리
라
라
고 운 시 선 -
좋 은 마 음 -
고 운 말 로 -
좋 은 말 로 -
어 울 -
감 싸 -
려 -
주 - 고 -
격 려 하 며 -
삶 - 속 에 -
힘 든 삶 -
불 법 을 -
극 - 복 하 면
실 - 천 하 면
좋 은 업 -
영 원 하 고 -
좋 은 날 -
행 복 한 삶 -
약 속 이 아 니 던 가
약 속 이 아 니 던 가
Fine

석가모니불

작사 문재현
작곡 배신영
노래 홍노경

국악가요

맹서의 노래

작사 문재현
작곡 배신영
노래 홍노경

느리게

염원의 노래

작사 문재현
작곡 배신영
노래 홍노경

음성공양

작사 문재현
작곡 배신영
노래 홍노경

느리게

발 심 가

작사 문재현
작곡 배신영
노래 홍노경

보사노바
A
C G Am F
C Am Dm9 G
B C Am Dm9 G
우 - 리 네 한 세 상 -   보 람 찬 삶 - 으 로 -
참 - 나 를 깨 달 아 -   보 림 을 하 - 고 요 -
본 - 연 - 한 몸 의 -   능 력 을 베 - 풀 어 -
눈 - 깜 박 하 는 새 -   한 세 상 다 - 가 고 -
C Am Dm G C
바 꾸 기 위 - 하 여 -   닦 아 들 봅 - 시 다 -
자 비 심 발 - 하 여 -   구 제 길 나 - 서 서 -
극 - 락 세 - 계 -   장 엄 을 하 - 구 요 -
부 귀 와 공 - 명 은 -   잠 시 의 꿈 - 이 라 -
F G C G
청 춘 - 홍 안 이 -   얼 마 나 길 - 던 가 -
중 생 들 세 계 에 -   고 통 을 없 - 애 어 -
둥 실 - 두 둥 실 -   누 리 기 위 - 하 여 -
이 러 한 되 풀 이 -   금 생 에 끝 - 내 어 -
F Am G A/C C G7(b9)
꿈 꾸 는 사 - 이 에 -   백 발 이 된 - 다 네 -   1-2절 D.C
극 락 이 되 - 도 록 -   최 선 을 다 - 하 세 -   3-4절
오 늘 의 어 - 려 움 -   극 복 을 해 - 내 세 -
윤 회 의 사 슬 에 서 -   벗 어 나 납 - 시 다 -

자비의 품

작사 문재현
작곡 배신영
노래 홍노경

느리게

부처님 은혜 1

작사 문재현
작곡 배신영
노래 홍노경

느리게

보살의 마음

작사 문재현
작곡 배신영
노래 홍노경

느리게

이 생에 해야 할일

작사 문재현
작곡 배신영
노래 홍노경

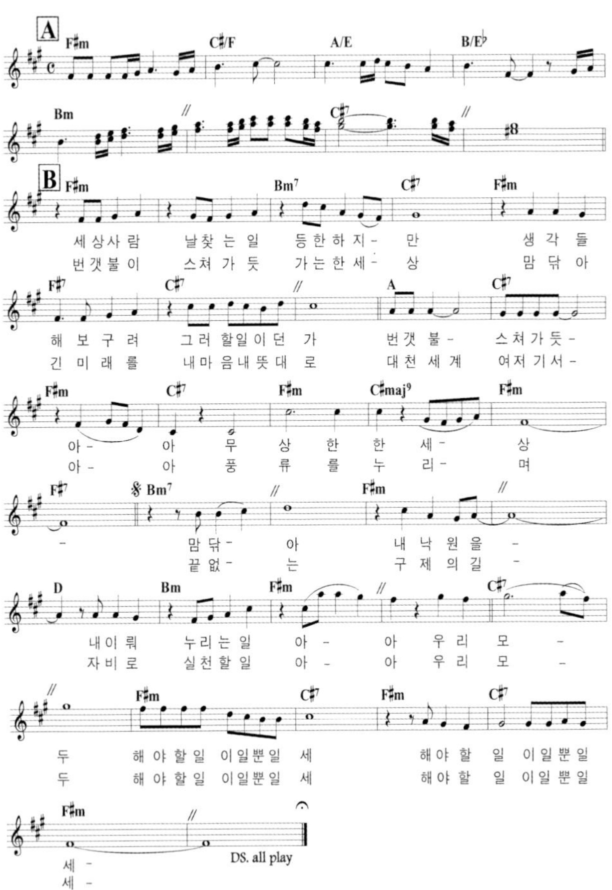

구도의 목표
작사 문재현
작곡 배신영
노래 홍노경
느리게
A
B
눈 뜨면 관음 우러러 보문을 따르며- 하
루 하루 를 최선-다하는일 에
언제나 떳떳한불자 로 서원코큰은혜 갚는 보 살-행-
대자대비를- 베-풀어 어느때 어느곳 그 무엇- 가리지않는
이-로- 제-일의- 사표가될 것을 목표로삼 을
겁 니 다 아 아 사바의세 계 가
다하는- 그 날까 지
D.S.
Fine

님은 아시리

작사 문재현
작곡 배신영
노래 홍노경

부처님 은혜 2

작사 문재현
작곡 배신영
노래 홍노경

느리게

성중성인 오셨네

(초파일노래)

작사 문재현
작곡 배신영
노래 홍노경

내 문제는 내가 풀자

작사 문재현
작곡 배신영
노래 홍노경

즐거운 밤

작사 문재현
작곡 배신영
노래 홍노경

관 음 가

작사 문재현
작곡 배신영
노래 홍노경

대원 문재현 선사님
인가 내력

대원 문재현 선사님 인가 내력

제 1 오도송

이 몸을 끄는 놈 이 무슨 물건인가?
골똘히 생각한 지 서너 해 되던 때에
쉬이하고 불어온 솔바람 한 소리에
홀연히 대장부의 큰 일을 마치었네

무엇이 하늘이고 무엇이 땅이런가
이 몸이 청정하여 이러-히 가없어라
안팎 중간 없는 데서 이러-히 응하니
취하고 버림이란 애당초 없다네

하루 온종일 시간이 다하도록
헤아리고 분별한 그 모든 생각들이
옛 부처 낳기 전의 오묘한 소식임을
듣고서 의심 않고 믿을 이 누구인가!

此身運轉是何物
疑端汨沒三夏來
松頭吹風其一聲
忽然大事一時了

何謂靑天何謂地
當體淸淨無邊外
無內外中應如是
小分取捨全然無

一日於十有二時
悉皆思量之分別
古佛未生前消息
聞者卽信不疑誰

대원 문재현 선사님의 스승이신 불조정맥 제77조 조계종(曹溪宗) 전강(田岡) 대선사님께서 1962년 대구 동화사의 조실로 계실 당시 대원 문재현 선사님께서도 동화사에 함께 머무르고 계셨다.

하루는, 전강 대선사님께서 대원 선사님의 3연으로 되어 있는 제1오도송을 들어 깨달은 바는 분명하나 대개 오도송은 짧게 짓는다고 말씀하셨다. 이에 대원 선사님께서는 제1오도송을 읊은 뒤, 도솔암을 떠나 김제

들을 지나다가 석양의 해와 달을 보고 문득 읊었던
제2오도송을 일러드렸다.

제 2 오도송

해는 서산 달은 동산 덩실하게 얹혀 있고
김제의 평야에는 가을빛이 가득하네
대천이란 이름자도 서지를 못하는데
석양의 마을길엔 사람들 오고 가네

日月兩嶺載同模
金提平野滿秋色
不立大千之名字
夕陽道路人去來

제2오도송을 들으신 전강 대선사님께서는 이에 그치지
않고 그와 같은 경지를 담은 게송을 이 자리에서 즉시
한 수 지어볼 수 있겠냐고 하셨다. 대원 선사님께서는
곧바로 다음과 같이 읊으셨다.

바위 위에는 솔바람이 있고
산 아래에는 황조가 날도다

대천도 흔적조차 없는데
달밤에 원숭이가 어지러이 우는구나

岩上在松風
山下飛黃鳥
大千無痕迹
月夜亂猿啼

전강 대선사님께서는 위 송의 앞의 두 구를 들으실 때
만 해도 지긋이 눈을 감고 계시다가 뒤의 두 구를 마저
채우자 문득 눈을 뜨고 기뻐하는 빛이 역력하셨다.
그러나 전강 대선사님께서는 여기에서도 그치지 않고
다시 한 번 물으셨다.
"대중들이 자네를 산으로 불러내고 그 중에 법성(향곡
스님 법제자인 진제 스님. 나중에 법원으로 개명)이 달마불
식(達磨不識) 도리를 일러보라 했을 때 '드러 났다'고
답했다는데, 만약에 자네가 당시의 양무제였다면 '모
르오'라고 이르고 있는 달마 대사에게 어떻게 했겠는
가?"
대원 선사님께서 답하셨다.
"제가 양무제였다면 '성인이라 함도 서지 못하나 이
러—히 짐의 덕화와 함께 어우러짐이 더욱 좋지 않겠습
니까?' 하며 달마 대사의 손을 잡아 일으켰을 것입니

다.”
전강 대선사님께서 탄복하며 말씀하셨다.
“어느새 그 경지에 이르렀는가?”
“이르렀다곤들 어찌 하며, 갖추었다곤들 어찌 하며, 본래라곤들 어찌 하리까? 오직 이러-할 뿐인데 말입니다.”
대원 선사님께서 연이어 말씀하시자 전강 대선사님께서 이에 환희하시니 두 분이 어우러진 자리가 백아가 종자기를 만난 듯, 고수명창 어울리듯 화기애애하셨다.

달마불식 공안에 대한 위의 문답은 내력이 있는 것이다. 전강 대선사님께서 대원 선사님을 부르기 며칠 전에, 저녁 입선 시간 중에 노장님 몇 분만이 자리에 앉아있을 뿐 자리가 텅텅 비어 있었다고 한다.
대원 선사님께서 이상히 여기고 있던 중, 밖에서 한 젊은 수좌가 대원 선사님을 불렀다. 그 수좌의 말이 스님들이 모두 윗산에 모여 기다리고 있으니 가자고 하기에 무슨 일인가 하고 따라가셨다.
그러자 그 자리에 있던 법성 스님이 보자마자 달마불식 법문을 들고 이르라고 하기에 지체없이 답하셨다.
“드러났다.”
곁에 계시던 송암 스님께서 또 안수정등 법문을 들고 물으셨다.
“여기서 어떻게 살아나겠소?”

대뜸 큰소리로 이르셨다.

"안 · 수 · 정 · 등."

이에 좌우에 모인 스님들이 함구무언(緘口無言)인지라 대원 선사님께서는 먼저 그 자리를 떠나 내려와 버리셨다.

그 다음날 입승인 명허 스님께서 아침 공양이 끝난 자리에서 지난 밤 입선시간 중에 무단으로 자리를 비운 까닭을 묻는 대중공사를 붙여 산중에서 있었던 일들이 낱낱이 드러나고 말았다. 그리하여 입선시간 중에 자리를 비운 스님들은 가사 장삼을 수하고 조실인 전강 대선사님께 참회의 절을 했던 일이 있었다.

전강 대선사님께서는 이때에 대원 선사님께서 달마불식 도리에 대해 일렀던 경지를 점검하셨던 것이다.

이런 철저한 검증의 자리가 있었던 다음 날, 전강 대선사님께서 부르시기에 대원 선사님께서 가보니 주지인 월산(月山) 스님께서 모든 것이 약조된 데에서 입회해 계셨으며 전강 대선사님께서는 곧바로 다음과 같이 전법게(傳法偈)를 전해주셨다.

전 법 게

부처와 조사도 일찍이 전한 것이 아니거늘

나 또한 어찌 받았다 하며 준다 할 것인가
이 법이 2천년대에 이르러서
널리 천하 사람을 제도하리라

佛祖未曾傳
我亦何受授
此法二千年
廣度天下人

덧붙여 이 일은 월산 스님이 증인이며 2000년까지 세 사람 모두 절대 다른 사람이 알게 하거나 눈에 띄게 하지 않아야 한다고 당부하셨다.

만약 그러지 않을 시에는 대원 선사님께서 법을 펴나가는 데 장애가 있을 것이라고 예언하셨다. 또한 각별히 신변을 조심하라 하시고 월산 스님에게 명령해 대원 선사님을 동화사의 포교당인 보현사에 내려가 교화에 힘쓰게 하셨다.

대원 선사님께서 보현사로 떠나는 날, 전강 대선사님께서는 미리 적어두셨던 부송(付頌)을 주셨으니 다음과 같다.

어상을 내리시 않고 이러-히 대한다 함이여
뒷날 돌아이가 구멍 없는 피리를 불리니
이로부터 불법이 천하에 가득하리라

不下御床對如是
後日石兒吹無孔
自此佛法滿天下

위의 송의 '어상을 내리지 않고 이러-히 대한다 함이여' 라는 첫째 줄 역시 내력이 있는 구절이다.
전에 대원 선사님께서 전강 대선사님을 군산 은적사에서 모시고 계실 당시 마당에서 홀연히 마주쳤을 때 다음과 같은 문답이 있었다.
전강 대선사님께서 물으셨다.
"공적(空寂)의 영지(靈知)를 이르게."
대원 선사님께서 대답하셨다.
"이러-히 스님과 대담(對談)합니다."
"영지의 공적을 이르게."
"스님과의 대담에 이러-합니다."
"어떤 것이 이러-히 대담하는 경지인가?"
"명왕(明王)은 어상(御床)을 내리지 않고 천하 일에 밝습니다.”
위와 같은 문답 중에 대원 선사님께서 답하신 경지를
부송의 첫째 줄에 담으신 것이다.

전강 대선사님께서 대원 선사님을 인가(印可)하신 과정
을 볼 때 한 번, 두 번, 세 번을 확인하여 철저히 점검하
신 명안종사의 안목에 탄복하지 않을 수 없으며 이에
끝까지 1초의 머뭇거림도 없이 명철하셨던 대원 선사
님께 찬탄하지 않을 수 없다.
그리하여 법열로 어우러진 두 분의 자리가 재현된 듯
함께 환희용약하지 않을 수 없다.

이제 전강 대선사님과 약속한 2천년대를 맞이하였으므
로 여기에 전법게를 밝힌다.
이로써 경허, 만공, 전강 대선사님으로 내려온 근대 대
선지식의 정법의 횃불이 이 시대에 이어져 전강 대선
사님의 예언대로 불법이 천하에 가득할 것이다.

바로보인의 책들

① 바로보인 전등록 (전30권을 5권으로)

7불과 역대 조사의 말씀이 1,700공안으로 집대성되어 있는 선종 최고의 고전으로, 깨달음의 정수가 살아 숨쉬도록 새롭게 번역되었다.
464, 464, 472, 448, 432쪽.
각권 18,000원

② 바로보인 무문관

황룡 무문 혜개 선사가 저술한 공안집으로 『전등록』, 『선문염송』, 『벽암록』 등과 함께 손꼽히는 선문의 명저이다.
본칙 48개와 무문 선사의 평창과 송, 여기에 역저자인 대원 문재현 선사의 도움말과 시송으로 생명과 같은 선문의 진수를 맛보여주고 있다.
272쪽. 12,000원

③ 바로보인 벽암록

설두 선사의 『설두송고』를 원오 극근 선사가 수행자에게 제창한 것이 벽암록이다.
이 책은 본칙과 설두 선사의 송, 대원 문재현 선사의 도움말과 시송으로 이루어져, 벽암록을 오늘에 맞게 바로 보이고 있다.
456쪽. 15,000원

④ 바로보인 천부경

우리 민족 최고(最古)의 경전 천부경을 깨달음의 책으로 새롭게 바로 보았다. 이 책에는 81권의 화엄경을 81자에 함축한 듯한 천부경과, 교화경, 치화경의 내용이 함께 담겨 있으며, 역저자인 대원 문재현 선사가 도움말, 토끼뿔, 거북털 등으로 손쉽게 닦아 증득하는 문을 열어놓고 있다.
432쪽. 15,000원

⑤ 바로보인 금강경

대원 문재현 선사의 『바로보인 금강경』은 국내 최초로 독창적인 과목을 내어 부처님과 수보리 존자의 대화 이면의 숨은 뜻을 드러내고, 자문과 시송으로 본문의 핵심을 꿰뚫어 밝혀, 금강경 전체를 손바닥 안의 겨자씨를 보듯 설파하고 있다.
488쪽. 15,000원

⑥ 세월을 북채로 세상을 북삼아

대원 문재현 선사의 선시가 담긴 선시화집 『세월을 북채로 세상을 북삼아』는 선과 시와 그림이 정상에서 만나 어우러진 한바탕이다.
선의 세계를 누리는 불가사의한 일상의 노래, 법열의 환희로 취한 어깨춤과 같은 선시가 생생하고 눈부시게 내면의 소리로 흐른다.
180쪽. 15,000원

⑦ 영원한현실

애매모호한 구석이 없이 밝고 명쾌하여,
너무도 분명함에 오히려 그 깊이를 헤아리
기 어려운, 대원 문재현 선사의 주옥같은
법문을 모아 놓은 법문집이다.
400쪽. 15,000원

⑧ 바로보인 신심명

신심명은 양끝을 들어 양끝을 쓸어버리는,
40대치법으로 이루어진, 3조 승찬 대사의
게송이다.
이를 대원 문재현 선사가 바로 번역하는 것
은 물론, 주해, 게송, 법문을 더해 통쾌하게
회통하고 자유자재 농한 것이 이 『바로보인
신심명』이다.
296쪽. 10,000원

⑨ 바로보인 환단고기 (전5권)

『바로보인 환단고기』 1권은 민족정신의
정수인 환단고기의 진리를 총정리하여 출간
하였다.
2권에는 역사총론과 태초에서 배달국까지
역사가 실려있으며, 3권은 단군조선,
4권은 북부여에서부터 고려까지의 역사가
실려 있다. 5권에는 역사를 증명하는
부록과 함께 환단고기 원문을 실었다.
264 · 368 · 264 · 352 · 344쪽.
각권 12,000원

⑩ 바로보인 선문염송 (전30권 중 20권)

선문염송은 세계최대의 공안집이다. 전 공안을 망라하다시피 했기에 불조의 법 쓰는 바를 손바닥 들여다보듯 하지 않고는 제대로 번역할 수 없다. 대원 문재현 선사는 전 공안을 바로 참구할 수 있게끔 번역하고 각 칙마다 일러보였다.
352 368 344 352 360 360 400 440 376 392 384 428 410 380 368 434 400 404 406 440쪽 각권 15,000원

⑪ 앞뜰에 국화꽃 곱고 북산에 첫눈 희다

대원 문재현 선사의 선문답집으로 전강·경봉·숭산·묵산 선사와의 명쾌한 문답을 실었으며, 중앙일보의 〈한국불교의 큰스님 선문답〉 열 분의 기사와 기자의 질문에 대한 대원 문재현 선사의 별답을 함께 실었다.
200쪽. 5,000원

⑫ 바로보인 증도가

선종사에 사라지지 않을 발자취로 남은 영가 선사의 증도가를 대원 문재현 선사가 번역하고 법문과 송을 더하였다.
자비의 방편인 증도가의 말씀을 하나 하나 쳐가는 선사의 일갈이야말로 영가 선사의 본 의중과 일치하여 부합하는 것이라 아니 할 수 없다.
376쪽. 10,000원

⑬ 바로보인 반야심경

이 시대의 야부 선사, 대원 문재현 선사가
최초로 반야심경에 과목을 붙여 반야심경
내면에 흐르는 뜻을 밀밀하게 밝혀놓고
거침없는 송으로 들어보였다.
200쪽. 10,000원

⑭ 선(禪)을 묻는 그대에게
(전10권 중 2권)

대원 문재현 선사의 선수행에 대한 문답집.
깨달아 사무친 경지에 대한 밀밀한 점검과,
오후보림에 대한 구체적인 수행법 제시와,
최초의 무명과 우주생성의 원리까지 낱낱이
설한 법문이 담겨 있다.
280쪽, 272쪽. 각권 15,000원

⑮ 바로보인 선가귀감

선가귀감은 깨닫고 닦아가는 비법이 고스
란히 전수되어 있는 선가의 거울이라 할
만하다. 더욱이 바로보인 선가귀감은 매
소절마다 대원 문재현 선사의 시송이 화살
을 과녁에 적중시키듯 역대 조사와 서산
대사의 의중을 꿰뚫어 보석처럼 빛나고
있다.
352쪽. 15,000원

⑯ 바로보인 법융선사 심명

심명 99절의 한 소절, 한 소절이 이름 그대로 마음에 새겨두어야 할 자비광명들이다. 이 심명은 언어와 문자이면서 언어와 문자를 초월한 일상을 영위하게 하는 주옥같은 법문이다.
278쪽. 12,000원

⑰ 주머니 속의 심경

반야심경은 부처님이 설하신 경 중에서도 절제된 경으로 으뜸가는 경이다. 대원 문재현 선사의 선송(禪頌)도 그 뜻을 따라 간략하나 선의 풍미를 한껏 담고 있다. 하루에 한 소절씩을 읽고 참구한다면 선 수행의 지름길이 될 것이다.
84쪽. 5,000원

⑱ 바로보인 법성게

법성게는 한마디로 화엄경의 핵심부를 온통 훤출히 드러내놓은 게송이다. 짧은 글 속에 일체의 법을 이렇게 통렬하게 담아놓은 법문도 드물 것이다.
이렇게 함축된 법성게 법문을 대원 문재현 선사가 속속들이 밀밀하게 설해놓았다.
160쪽. 10,000원

⑲ 달다 – 전강 대선사 법어집

이제는 전설이 된 한국 근대선의 거목인 전강 선사님의 최상승법과 예리한 지혜, 선기로 넘쳤던 삶이 생생하게 담겨 있는 전강 대선사 법어집〈달다〉!
전강 대선사님의 인가 제자인 대원 문재현 선사가 전강 대선사님의 법거량과 법문, 일화를 재조명하여 보였다.
304쪽. 15,000원

⑳ 기우목동가

그 뜻이 심오하여 번역하기 어려웠던 말계 지은 선사의 기우목동가!
대원 문재현 선사가 바른 뜻이 드러나도록 번역하고, 간결한 결문과 주옥같은 선송으로 다시 보였다.
146쪽. 10,000원

㉑ 초발심자경문

이 초발심자경문은 한문을 새기는 힘인 문리를 터득하게 하기 위하여 일부러 의역하지 않고 직역하였다.
대원 문재현 선사의 살아있는 수행지침도 실려 있다.
266쪽. 10,000원

㉒ 방거사어록

방거사어록은 선의 일상, 선의 누림을 보여주는 대표적인 선문이다. 역저자인 대원 문재현 선사는 방거사어록의 문답을 '본연의 바탕에서 꽃피우는 일상의 함'이라 말하고 있다. 법의 흔적마저 없는 문답의 경지를 온전하게 드러내 놓은 번역과, 방거사와 호흡을 함께 하는 듯한 '토끼뿔'이 실려있다.

266쪽. 15,000원

㉓ 실증설

대원 문재현 선사가 2010년 2월 14일 구정을 맞이하여 불자들에게 불법의 참뜻을 보이기 위해, 홀연히 펜을 들어 일시에 써내려간 실증설. 실증한 이가 아니고는 설파할 수 없는 일구의 도리로 보인 1부와, 태초로부터 영겁에 이르는 성품의 이치를 낱낱이 법문으로 설한 2, 3부를 보아 실증하기를…

198쪽. 10,000원

㉔ 하택신회대사 현종기

육조대사의 법이 중국천하에 우뚝하도록 한 장본인, 하택신회대사의 현종기. 세간에 지해종도로 알려져 있는 편견을 불식시키는 뛰어난 깨달음의 경지가 여기에 담겨있다. 대원 문재현 선사님이 하택신회대사의 실경지를 드러내고 바로보임으로써 빛냈다.

232쪽. 10,000원

㉕ 불조정맥 – 韓英中 3개국어판

석가모니불로부터 현 78대에 이르기까지 불조정맥진영(佛祖正脈眞影)과 정맥전법게(正脈傳法偈)를 온전하게 갖춘 최초의 불조정맥서. 대원 문재현 선사님이 다년간 수집, 정리하여 기도와 관조 끝에 완성한 '불조정맥'을 3개국어로 완역하였다.
216쪽. 20,000원

㉖ 바른 불자가 됩시다

참된 발심을 하여 바른 신앙, 바른 수행을 하고자 해도, 그 기준을 알지 못해 방황하는 불자님들을 위해 불법의 바른 길잡이 역할을 하도록 대원 문재현 선사님이 집필하여 출간하였다.
162쪽. 10,000원

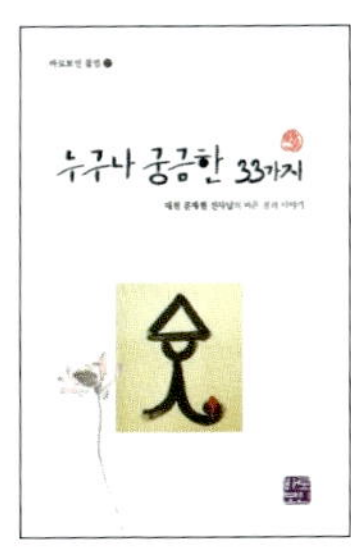

㉗ 누구나 궁금한 33가지

21세기의 인류를 위해 모든 이들이 가장 어렵고 궁금해 하는 문제, 삶과 죽음, 종교와 진리에 대한 바른 지표를 제시하고자 대원 문재현 선사님이 집필하여 출간하였다.
180쪽. 10,000원

㉘ 108진참회문 – 韓英中 3개국어판

전생의 모든 악연들이 사라져 장애가 없어
지고, 소망하는 삶을 살게 하기 위해 대원
문재현 선사님이 10계를 위주로 구성한 108
항목의 참회문이다. 한 대목마다 1배를 하
여 108배를 실천할 것을 권한다.
170쪽. 15,000원

모든 이들이 한결같이 추구하고 갈구하는
존재의 근원에 대한 문제, 즉 진리에 관한 내용들을
책에 담으려 합니다. 존재의 근원을 바로 비추는
맑은 거울의 역할을 다하도록 노력하겠습니다.
모든 이들이 바로 봄으로써 무한한 존재를 깨달아
영원한 낙을 누리게 될 때까지 '바로보인' 의 의지는
사라지지 않을 것입니다.

*출간 예정 도서

바로보인 원각경
바로보인 능엄경 제6권
바로보인 유마경
바로보인 육조단경
바로보인 대전화상주 심경
바로보인 위앙록
해동전등록
말 밖의 말
– 대원 문재현 법문집 2
달마의 일할도 허락지 않는다
– 대원 문재현 법문집 3
언어의 향기
– 대원 문재현 시집
대원 문재현 선송집
진리와 과학의 만남
바로보인 불전예식
바로보인 5대 종교
주머니 속의 금강경과 야보송
바로보인 유가귀감
바로보인 도가귀감
선재동자 참알 오십삼선지식
경봉선사 혜암선사 법을 들어 설하다(부록 – 성철선사)
십현담 주해
불교대전
태고보우선사어록
화두 – 한영중 3개국어판
바로보인 간당론

대원 선사님 작사 노래 CD 주문판매합니다

• 가격 : 2만원

문의 전화 ☎ 031-534-3373

법문 테이프와 MP3를 주문판매합니다

부처님의 78대손이신 대원(大圓) 문재현(文載賢) 전법선사님의 법문 테이프와 MP3가 나왔습니다. 책으로만 보아서는 고준하여 알기 어려웠던 선문(禪文)의 이치들이 자세히 설하여져 있어서, 모든 궁금증을 시원하게 풀어줄 것입니다.

- 바로보인 천부경 : 15,000원
- 바로보인 금강경 : 40,000원
- 바로보인 신심명 : 30,000원
- 바로보인 법성게 : 10,000원
- 바로보인 현종기 : 65,000원
- 바로보인 반야심경 : 1회당 5,000원 (총 32회)
- 바로보인 선가귀감 : 1회당 5,000원 (총 80회 예정, 현재 66회)

문의 전화 ☎ 031-534-3373